GW01397992

COLLECTION
FOLIO DOCUMENTS

Jean-Charles Brisard
Guillaume Dasquié

Ben Laden

La vérité interdite

*Nouvelle édition révisée et préfacée
par les auteurs*

Denoël

Merci à Didier Thomas-Radux
pour sa précieuse collaboration.

« *Poursuis en ce qu'Allah t'a donné, la demeure, l'Autre, mais n'oublie pas ta part de ce monde. Excelle comme Allah excelle pour toi. Ne veuille pas la corruption sur terre : voici, Allah n'aime pas les corrompus.* »

Le Coran, Sourate 28 (le Récit),
verset 77

Traduction d'André Chouraqui

Avertissement des auteurs

L'orthographe de certains noms propres a été rétablie en conformité avec l'usage de la presse internationale.

Préface

Mai 2002, Ossama Bin Laden et ses lieutenants sont aussi connus que Bill Gates et ses logiciels. Ironie d'une notoriété. Je me souviens d'une promenade dans Londres[1], il y a tout juste un an, en compagnie d'un banquier, un spécialiste des gestions de fortune très apprécié par la clientèle du golfe Persique. Ce jour-là, nous en étions je crois à notre quatrième entrevue ; une complicité s'installait, nous n'échangions plus seulement des secrets sur les turpitudes des hommes d'affaires du Moyen-Orient. En flânant vers St James's Park, il me racontait le quotidien de ses parents, quelque part dans une bourgade qui surplombe la Méditerranée, au nord de Beyrouth. Les passants se retournaient. Bruyamment et avec faconde, il se plaignait de l'incapacité de son père à discuter normalement avec sa fille, une collégienne anglaise qui milite passionnément dans une petite association de défense de la nature. Plus loin, sur Pall Mall,

1. Anecdote rapportée par Guillaume Dasquié.

après avoir longé les murs qui abritent le légen-
daire Travellers Club, qu'il fréquentait à l'occasion
— là où se retrouve tout ce que la place de Londres
compte de mercenaires aristocrates et de diplomates aventureux —, il parlait en baissant soudain
la voix et en se retournant parfois : aux histoires
de famille avaient succédé les affaires de financement du terrorisme islamiste.

Nous commentions les opérations comptables
d'un établissement de crédit des Émirats arabes
unis, ses relais à Islamabad, en particulier avec la
banque utilisée par les services secrets pakistanais
pour épauler les taliban et Al-Qaeda. Comme souvent, il était question d'un chef religieux saoudien,
allié de l'un des quatre mille princes qui compo-
sent la famille royale, et dont les hommes de
confiance avaient organisé depuis Dubaï et les îles
Vierges britanniques un circuit de financement au
profit d'Ossama Bin Laden. Officiellement, Bin
Laden était alors un *simple* terroriste, dûment
recherché par le FBI, mais dont, à l'extérieur des
frontières des pays occidentaux, les diplomates ne
voulaient pas entendre parler. Les multiples
contrats pétroliers avec l'Arabie Saoudite suppo-
saient alors une certaine compréhension des spé-
cificités de la dictature religieuse dirigée par le roi
Fahd et le prince Abdallah. En clair : on ne froisse
pas un allié aussi précieux au nom de la capture
d'un bandit de grand chemin. Donc, à cette
époque, ces affaires-là ne s'évoquaient que sur le
ton du murmure, même pour deux paisibles pié-
tons sous le crachin londonien. Surtout sous le cra-

chin londonien. La City couve des dizaines de fortunes bâties autour des puits de pétrole du Golfe.

Depuis 1998, la lettre professionnelle *Intelligence Online* avait publié plusieurs enquêtes sur ces associations caritatives et ces sociétés d'origine saoudienne, pakistanaise ou émirienne, qui, sans trop se dissimuler, finançaient Al-Qaeda. À chaque fois, nos sources tremblaient. Certaines nous suppliaient de leur promettre de ne plus traiter le sujet. Mais le 11 septembre a tout changé. Ossama Bin Laden et ses lieutenants sont devenus des personnages publics, l'histoire de leur parcours a occupé des centaines d'émissions de télévision ; et, progressivement, les raisons de l'émergence de leur mouvement, de son épanouissement au cours des dix dernières années se sont imposées comme des questions fondamentales, pour comprendre. Après avoir demandé « comment c'était possible », chacun voulait savoir « pourquoi c'était possible ».

Ce livre, cette *Vérité interdite*, a cherché à apporter les premiers éléments de réponses. Sorti une première fois le 14 novembre 2001, il synthétisait trois années d'enquêtes sur les appuis politiques, les réseaux financiers, les enjeux pétroliers et les non-dits diplomatiques qui, lentement, ont créé un espace de liberté pour ce groupe de terroristes nostalgiques de la guerre sainte, à la pensée politique un peu fruste, jurant autant par le Coran que par le kalachnikov. Peu après les attentats, nous avons cherché à le publier le plus rapidement possible car, au moment où se déroulaient les opérations militaires en Afghanistan, il nous semblait important, précisément, de ne pas se concentrer

sur l'Afghanistan. Il s'agissait de regarder plus près
de nous. Nous voulions déchiffrer cette combinai-
son de convoitises mal contrôlées sans lesquelles
Ossama Bin Laden et ses compagnons seraient res-
tés de vagues illuminés armés prêchant dans le
désert. Nous voulions disséquer cet enchevêtrement de négligences, d'intérêts et de calculs politiques, depuis les planchers patinés du Foreign
Office à Londres, les marbres des compagnies
pétrolières texanes à Houston, jusqu'à la moquette
de quelques sociétés fiduciaires à Genève.

À aucun moment nous n'avions imaginé les
conséquences de ces deux cent cinquante pages.
Pire, nous ne voulions pas un seul instant que ce
livre devienne partie prenante des enquêtes qui se
déroulaient sous nos yeux. Peine perdue. Son
contenu nous a dépassés. Nous l'avons mesuré dès
le mois de décembre 2001, quand, quelques jours
avant Noël, une commission d'investigation spéciale du Conseil de Sécurité des Nations Unies
s'est déplacée pour nous entendre. Sa mission :
reconstituer les circuits d'argent grâce auxquels
Bin Laden avait développé ses activités. L'entretien
s'est déroulé à Paris, dans une annexe discrète de
l'UNESCO. Il a exclusivement porté sur ces
réseaux financiers et cette diplomatie parallèle qui
avaient laissé les taliban et Ossama Bin Laden
gagner en aura et en puissance. Deux heures de
discussion technique, serrée, en présence de huit
diplomates qui avaient découvert depuis peu
l'étendue des collusions, et qui ne cachaient pas
leur gêne devant la gravité des charges qui

pesaient sur l'Arabie Saoudite. Depuis l'Inde jusqu'aux États-Unis, ce panel d'investigateurs représentait l'ensemble des grandes nations qui, toutes,
ont un jour péché par cupidité en ne privilégiant
pas la lutte contre le terrorisme pour préserver
leurs relations avec des monarques du Golfe ou
leurs projets de gazoducs en Asie centrale. Mais,
dorénavant, ils s'obligeaient à les examiner, avec
une pointe de crainte parfois.

À mesure que le livre était présenté par la presse
étrangère, des réactions d'un autre genre nous
parvenaient, plus agressives celles-là, sous la forme
d'insultes quelquefois. Des banquiers français, des
compagnies   pétrolières   américaines   et   des
hommes d'affaires du Golfe luxueusement établis
dans quelques paradis fiscaux en Europe ou aux
Antilles acceptaient mal un tel déballage. Eux dont
la fortune reposait sur des secrets de famille et
peut-être sur quelques mots échangés sur le tarmac d'aéroports privés. L'un d'eux, et non des
moindres, Yeslam Bin Laden, frère d'Ossama,
citoyen helvétique depuis moins d'un an, à la tête
d'une arborescence de sociétés offshore, a multi-
plié les démarches procédurières et usé de toutes
les possibilités qu'offre le droit de la presse suisse
pour obtenir l'interdiction du livre au motif qu'il
désapprouvait notre démarche générale — le tribunal qui a prononcé l'acte de censure n'a à
aucun moment remis en cause le contenu du
document. Preuve que toutes les vérités ne sont
pas bonnes à dire, principalement au pays du
secret bancaire. Néanmoins, en dépit du soutien

inattendu de la justice helvétique, Yeslam Bin
Laden n'a pas échappé à une enquête pour blanchiment aggravé. Une action a été diligentée au
début du mois de mars 2002 par le magistrat
Renaud Van Ruymbeke, spécialiste des dossiers
financiers, pour laquelle il a demandé à nous
entendre comme témoins... en qualité d'auteurs
de ce livre.

Au-delà de ces développements, nous avons
senti qu'après le 11 septembre, avec des documents d'enquête comme celui-ci (il y en a
d'autres), quelque chose s'était transformé : des
perceptions peut-être, une acuité sûrement, une
impression générale que désormais les affaires de
la planète intéressent davantage. Après nous avoir
terrorisés, finalement, les terroristes auront rendu
une partie de leur vigilance à nos sociétés. Au travers des multiples débats et échanges provoqués
par ce livre, il nous a semblé qu'une nouvelle saga-
cité pour le lointain s'imposait. Plus personne ne
se moquera tout à fait des luttes de pouvoir et des
rivalités qui traversent la planète. Chacun gardera
à l'esprit les conséquences d'une haine laissée un
jour en jachère à l'autre bout du monde, parce
que aucun intérêt immédiat ne portait un pays
riche à demeurer sur place.

Cependant, là-bas précisément, dans « cet autre
monde » où a surgi l'impensable, où ont été éduqués puis fanatisés ces jeunes garçons capables de
précipiter des avions sur des tours, dans cette
partie-là du monde, qu'est-ce qui s'est transformé ?

Rien, ou si peu. Certes, il y a eu pléthore de moyens militaires engagés dans l'anéantissement des camps terroristes. Certes, le régime honni des taliban s'est désintégré, après avoir longtemps bénéficié de la bienveillance des Occidentaux et de la générosité de quelques compagnies pétrolières. Évidemment, même au milieu des montagnes afghanes, faute de puissants relais politiques et financiers, quand les alliés d'hier administrent une correction, les maîtres du pays redeviennent les maîtres de leurs chèvres.

Avec le spectacle de la chute des taliban et du bombardement d'une dernière légion d'Al-Qaeda bloquée en Afghanistan, une conviction nous gagne. Nous avons assisté à la correction infligée aux lampistes. Et encore, pas à tous. Comment effacer cette vision, presque burlesque, du chef des taliban en personne, le mollah Omar, se sauvant d'une ville sur une simple motocyclette tandis que le pays est passé depuis plusieurs semaines sous le contrôle des alliés des Occidentaux ?

Les exécuteurs des basses œuvres sont en déroute, mais les donneurs d'ordre, eux, demeurent impunis. Qui sont-ils ? Ces banques islamiques installées aux Émirats arabes unis, ces chefs religieux à la tête du pouvoir spirituel en Arabie Saoudite dont nous décrivons les agissements, plusieurs princes saoudiens proches du palais royal dont nous livrons les alliances cachées, ces responsables pakistanais soucieux de promouvoir un régime sunnite fort de l'autre côté de la frontière, notamment... Vérité crue, laide mais indélébile, dans

cette péninsule arabique qui abrite l'essentiel des
réserves pétrolières consommées par les pays
industrialisés, le pouvoir demeure entre les mains
de dictateurs des sables dont le penchant pour le
népotisme et la gérontocratie nous garantit depuis
un demi-siècle des interlocuteurs stables et aisé-
ment corruptibles, pour le plus grand profit de nos
achats en hydrocarbure et de nos ventes en matériels de défense. Dans la région, ces émirs et ces
rois, qui maintiennent leur peuple dans la soumission et dans la peur, ont toujours brandi le
Coran pour légitimer leur position, et ont toujours
cultivé les compromis avec les chefs religieux les
plus radicaux pour s'assurer que personne ne les
délogerait de leurs palais. Les voilà maintenant
presque étonnés de constater que l'un des fidèles
soldats de leurs chefs religieux, Ossama Bin
Laden, est à l'origine de quelques désordres planétaires qui fâchent leurs riches partenaires occidentaux.

C'est le maillage de ces rapports interdits, c'est
le poids des religieux extrémistes dans ces pays sur
lesquels la santé de notre commerce repose, c'est
notre tenace aveuglement devant ces souverains
dont l'archaïsme dénature l'islam, c'est notre
inconséquence quand ils financent à travers la planète des fondations chargées de promouvoir leurs
visées radicales à l'aide des pétrodollars que nous
versons, ce sont ces réalités-là qui expliquent plus
en profondeur la montée en puissance d'Ossama
Bin Laden. Dans le même temps, elles mettent au
jour l'irresponsabilité de ce que, pudiquement,

l'on nomme dans nos pays *la diplomatie parallèle* —
comme pour mieux se persuader que les turpitudes qu'elle englobe demeurent bien parallèles à
nos préoccupations, que les unes et les autres ne
se confondent jamais. Erreur.

Prologue

L'entretien se déroule dans les salons de l'hôtel Plaza à New York, lieu sombre et austère, comme la vie de ceux qui, dans l'ombre, mènent le combat contre le terrorisme. En cette fin de mois de juillet 2001, je retrouve John O'Neill [1], ancien coordinateur de la lutte antiterroriste aux États-Unis, devenu numéro deux du FBI à New York chargé de la sécurité nationale. À 50 ans, après avoir voué la moitié de sa vie au FBI, il avait rejoint le bureau de New York, le «flagship office» du FBI, convoité par tous les agents. J'avais rencontré John O'Neill à Paris lors d'un dîner dans le Marais. À la table occupée quelque temps plus tôt par Hillary Clinton et Madeleine Albright lors de leur dernier passage en France, nous avions réuni une «table des chefs» avec le directeur adjoint de la DST, responsable de la lutte antiterroriste, et l'ancien chef de la section antiterroriste du Parquet de Paris Alain Marsaud.

New York était devenu le territoire de John

---

1. Rencontres de Jean-Charles Brisard avec John O'Neill.

O'Neill, sa chasse gardée. Il en connaissait tous les
recoins, du Steak House historique au China Club
en passant par Little Italy et les bars fréquentés par
les cinéastes. Le suivant dans la ville, on aurait pu
croire qu'il en était le concepteur et le propriétaire. En tous lieux il était reçu comme un ami,
connu de tous et aimé de tous.

Il n'était jamais « off duty », et jonglait sans cesse
entre son téléphone cellulaire et son Palm Pilot
comme pour se rappeler à sa « mission ». Occasion
aussi de reparler de « nos affaires ».

John O'Neill était un rebelle dans un univers où
l'administration prenait le pas sur l'action. Chargé
de l'ensemble des enquêtes sur les actes terroristes
de l'organisation Al-Qaeda, il s'était rendu au
Yémen après l'attentat contre le destroyer *USS Cole*
qui avait fait 17 morts parmi les membres d'équi-
page, le 12 octobre 2000 dans le port d'Aden, pour
fustiger l'attitude d'obstruction des diplomates...
américains. Des divergences profondes étaient
apparues au fil de l'enquête entre les diplomates
du Département d'État et les enquêteurs du FBI,
les premiers souhaitant ménager la susceptibilité
du régime yéménite pour obtenir un assouplissement politique, les seconds animés par la volonté
d'élucider rapidement les responsabilités dans l'attentat. Deux visions, deux cultures qui ne pou-
vaient cohabiter. Après les premières frictions au
sujet du port d'armes des agents du FBI et la remise
aux autorités américaines de suspects qualifiés de
« seconds couteaux », la lutte débuta en février et
culmina en juillet 2001 avec l'intervention de l'am-

bassadeur américain au Yémen, Barbara Bodine, pour empêcher l'entrée sur le territoire yéménite de John O'Neill et de son équipe, les «Rambos» comme les qualifiaient les autorités yéménites. Pourtant selon John O'Neill, le FBI avait en main tous les éléments permettant de mettre en cause les réseaux d'Ossama Bin Laden dans cet attentat.

Cet épisode rappelait la lutte que se livrèrent le conseiller pour la sécurité nationale et le Secrétaire d'État américain, à l'époque Henry Kissinger, pour le contrôle de la politique de sécurité dans les années 70, avec en point d'orgue une mise en tutelle des organes opérationnels par les diplomates, contribuant à scléroser l'appareil d'État.

Dans l'ambiance décalée du China Club, au sommet d'un building surplombant tout Manhattan, John O'Neill commença à raconter ses passes d'armes avec l'ambassadeur américain, ses déceptions devant l'impuissance feinte ou avérée du Département d'État, et surtout les enjeux liés à Ossama Bin Laden. Pour lui, tout venait de l'Arabie Saoudite, tout pouvait être expliqué et élucidé à travers ce prisme.

« Toutes les réponses, toutes les clés permettant de démanteler l'organisation d'Ossama Bin Laden se trouvent en Arabie Saoudite [1] », me dira-t-il en soulignant « l'impuissance de la diplomatie américaine à obtenir quoi que ce soit du roi Fahd »

---

1. Entretiens avec Jean-Charles Brisard, 22 et 23 juillet 2001.

concernant les réseaux terroristes. La raison ? Une
seule : les intérêts pétroliers. Cette seule explication pouvait-elle empêcher les États-Unis d'enquê-
ter sur l'un des principaux réseaux terroristes dans
le monde ? Oui, pour la simple et bonne raison
que l'administration américaine s'était en quelque
sorte autodissuadée d'utiliser l'enquête comme
moyen de pression sur ses amis saoudiens.

Lors des investigations sur l'attentat contre les
installations militaires de Dharan le 25 juin 1996
qui fit 19 morts parmi les soldats américains, John
O'Neill se rendit lui-même en Arabie Saoudite
pour obtenir du roi Fahd la coopération des autorités. Peine perdue ; les services de renseignement
saoudiens interrogeaient seuls les principaux suspects, tandis que le FBI était relégué à la collecte
des indices matériels pour faire avancer l'enquête.
S'agissant des relations entre l'organisation Al-
Qaeda et l'Arabie Saoudite, les conclusions du
rapport sur « L'environnement économique de la
famille Bin Laden [1] » ne l'étonnèrent qu'à moitié,
et il confirma que des liens étroits subsistaient en
juillet 2001 avec le royaume, contrairement aux
affirmations publiques des uns et des autres. Sur
le sujet, il se montra néanmoins très pessimiste sur
les chances de voir les choses évoluer positive-
ment, mettant en cause la direction très « politique » du FBI dans ce domaine comme sur le plan
intérieur.

---

1. Voir ce rapport, annexe II.

Venant de l'un des meilleurs spécialistes de ces questions aux États-Unis, les révélations de John O'Neill éclairent d'un jour cynique les enjeux liés à Ossama Bin Laden. On découvre que les intérêts de la lutte antiterroriste passent dans l'ordre des priorités après la « raison d'État ». C'est essentiellement par dépit et parce qu'il savait que rien ne viendrait altérer sa foi que John O'Neill a quitté le FBI au mois d'août 2001 pour prendre ses nouvelles fonctions de directeur de la sécurité... du World Trade Center.

Le 11 septembre 2001, il assistait à une réunion consacrée à la sécurité des tours jumelles lorsque le premier avion percuta le bâtiment. En professionnel, il en sortit pour appeler les secours et coordonner l'arrivée de la police, avant de regagner le bâtiment pour aider à l'évacuation des occupants, comme pour sauver ces milliers de New-Yorkais qui lui étaient si familiers. Il alla vers son funeste destin.

Le témoignage de John O'Neill reste aujourd'hui une pièce essentielle du puzzle de la lutte contre le terrorisme. Il met en lumière les deux principales pierres d'achoppement de l'Occident face à ces réseaux : le pétrole et ses enjeux géostratégiques ; l'Arabie Saoudite et ses ambitions religieuses et financières.

Avant-propos

Washington, 26 janvier 2001, l'Amérique semble comme délivrée. Après des semaines de polémiques sur la manière d'utiliser des cartes à perforer, l'élection du nouveau président des États-Unis connaît enfin son épilogue. Ce jour-là, George W. Bush prend possession des appartements de la Maison Blanche et surtout de son bureau ovale. La presse internationale assiste, dubitative, à l'accession au pouvoir suprême du gouverneur du Texas.

Au soir de cette journée, au dernier étage du National Press Club Building, sur la 14ᵉ Rue, plusieurs reporters européens se retrouvent autour du bar privé du Club de la presse. Alors qu'à deux pas de l'immeuble l'équipe républicaine s'installe, déjà des commentaires fustigent la culture texane des nouveaux maîtres du pays. Des conversations animées s'engagent avec des journalistes américains, principalement avec ceux du *Washington Post*, dont la rédaction siège à une centaine de mètres, de l'autre côté de la rue. Les Européens, qui ont

assisté à la liesse de cette investiture, s'inquiètent
du manque d'ouverture internationale du nouveau
président. Son penchant pour une application
aussi large que possible de la peine de mort, abo-
lie dans tant de pays, sa méconnaissance du dossier
israélo-palestinien, ses déclarations dénuées de
nuance sur la puissance de l'empire américain ont
heurté quantité d'observateurs et de décideurs sur
le Vieux Continent. Juchés sur de massifs tabourets
de bar, autour de cet interminable comptoir en
merisier du National Press Club, les plus prudents
représentants de la presse française et allemande
commentent, fatigués, ses positions très tranchées
en y décelant autant de futurs sujets de fâcherie.

D'autres, probablement moins raffinés, se bor-
nent à recenser quelques réalités. Narquois, ils
énumèrent : avant cette campagne présidentielle,
Bush junior n'a franchi qu'à trois reprises les frontières de son pays ; sa connaissance de la politique
étrangère se limite à la vision qu'ont du monde les
compagnies pétrolières texanes, les plus puissantes
de la planète mais surtout les principaux bailleurs
de fonds de sa campagne ; et enfin, le nouveau président accuse de réelles lacunes sur les zones les
plus sensibles de la planète, et en premier lieu au
sujet de l'Asie centrale. Lors d'une interview un
brin incisive, dans le courant de sa campagne,
George W. Bush ne s'est-il pas révélé incapable de
citer le nom du chef d'État du Pakistan [1] : le très

---

1. Incident intervenu le 3 novembre 1999, lors d'un entretien
accordé à la chaîne WHDH-TV.

précieux général Pervez Musharaf, véritable allié du Pentagone à Islamabad, et qui doit composer avec une population et une administration très largement hostiles aux États-Unis ? Depuis sa victoire, W. Bush a au moins appris à orthographier ce patronyme.

C'est entendu, les journalistes sont des professionnels du commentaire tranché, incapables de restituer une complexité. Certes le jeune Bush n'a jamais arpenté le globe, il ne figure pas au rang de la crème des élites diplomatiques, mais, pour autant, il ne s'avère pas ignorant des grandes affaires de la planète.

Il vivait encore très près de ses parents lorsque George Bush père occupait les fonctions de directeur de la CIA[1], et très tôt, comme nombre de rejetons issus des grandes familles texanes, W. Bush a développé des petites sociétés de services du secteur pétrolier tournées vers l'étranger. Des activités qui l'ont conduit rapidement à travailler avec des hommes d'affaires moyen-orientaux, en particulier des Saoudiens, comme lorsqu'il dirigeait Harken Energy. Et puis, ses proches conseillers bénéficient d'une réelle expérience dans la gestion des affaires du monde, également acquise au contact de Bush père et des pétroliers texans. Au premier rang d'entre eux, la belle, la placide, l'énigmatique Condoleeza Rice. Même les magazines *people* s'intéressent à elle. À chaque fois, on

1. George Bush a été directeur de la CIA de 1976 à 1977, avant de devenir le vice-président de Ronald Reagan, puis président des États-Unis de 1989 à 1993.

égrène le même pedigree : professeur à Stanford, soviétologue confirmée et ancien conseiller pour la sécurité de Bush père chargée des questions relatives à l'ex-Union soviétique. Cependant, de 1991 à 2000, Mrs. Rice assuma aussi les fonctions de directrice du groupe Chevron, l'une des premières compagnies pétrolières au monde, dans laquelle elle traitait notamment les questions relatives aux implantations au Kazakhstan et au Pakistan [1].

Ce 26 janvier 2001, les hommes et les femmes qui emménagent à la Maison Blanche ne sont pas les isolationnistes que l'on croit, même si leur goût pour les relations internationales possède une vague odeur de pétrole. À plusieurs milliers de kilomètres de là, certains l'ont déjà compris.

5 février 2001, coup de tonnerre dans les milieux d'ordinaire si feutrés de la diplomatie internationale. Au Conseil de Sécurité de l'ONU, des fonctionnaires pétris de retenue marquent leur stupéfaction. Moins de deux semaines après l'investiture américaine, un message inattendu parvient de Kaboul ; sans que personne ne perçoive encore de relation entre cet événement et l'élection de George W. Bush. Ce jour-là, pour la première fois de leur courte histoire, les taliban se disent prêts

---

1. Situé au nord de l'Afghanistan, le Kazakhstan (ancienne république soviétique) a reçu le sobriquet de « New Koweit », de la part des experts en prospection pétrolière. Le sous-sol kazakh compte à ce jour 15 milliards de barils prouvés et 65 milliards de barils estimés. La compagnie Chevron est un acteur majeur de ce marché, via le consortium Tengizchevroil qu'elle contrôle.

à négocier une reconnaissance internationale. Les étudiants en religion lâcheraient prise avec leur ligne dure. L'homme qui diffuse ce message de façon très explicite est le ministre des Affaires étrangères taliban en personne, Abdel Wakil Muttawakil. Pour lui conférer l'impact souhaité, il choisit de s'exprimer dans les colonnes du quotidien britannique *The Times*, plutôt que dans un grand quotidien arabe. Son message s'adresse donc aux Anglo-Saxons.

Naturellement son pays souffre des sanctions internationales, qui s'abattent sur lui avec une intensité accrue depuis une décision du Conseil de Sécurité de l'ONU du 18 décembre 2000, deux mois plus tôt. Le ministre des Affaires étrangères afghan cherche des interlocuteurs compréhensifs et puissants, pour que l'étau se desserre autour de son pays, pour que le FMI lui accorde des aides financières, pour revenir à la situation qui prévalait officiellement jusqu'en 1996, quand l'Arabie Saoudite et les États-Unis encourageaient les taliban dans leur entreprise militaire, source de stabilisation de l'Afghanistan. En contrepartie, le ministre Muttawakil se montre prêt à satisfaire ses interlocuteurs sur plusieurs dossiers sensibles, le premier d'entre eux porte sur l'extradition d'un certain Ossama Bin Laden.

Pour quelle raison ce 5 février la diplomatie des taliban présente-t-elle cette ligne politique ? Jusqu'à quel point sait-elle que son message sera bien perçu par la nouvelle administration américaine ? De discrètes rencontres entre représentants répu-

blicains et taliban ont-elles précédé cette spectaculaire annonce? Avant de répondre à ces questions, un constat s'impose.

À compter de ce 5 février 2001 et jusqu'au 2 août
2001, Américains et taliban se sont engagés dans
de discrètes discussions à haut risque, sur fond
d'intérêts pétroliers et géostratégiques. Elles impli-
quaient que les taliban trahissent Ossama Bin
Laden, sans que les Américains mesurent exactement le pouvoir de ce chef religieux saoudien sur
les dirigeants afghans. Les attentats suicides du
11 septembre représentent l'issue aussi tragique
que prévisible de cette démarche. Les pages qui
suivent décrivent cet engrenage infernal, largement entraîné par la monarchie saoudienne et
favorisé par le cynisme d'une frange du parti républicain.

Pourquoi une partie des acteurs dont la responsabilité se révèle dans l'enchaînement des trac-
tations s'est-elle montrée aveugle à ce danger? La
situation même de l'Afghanistan vaut bien des
réponses. Véritable clé pour qui veut exercer sa
suprématie sur l'Asie centrale, ce pays n'a jamais
cessé d'attiser la convoitise de la Russie, des États-
Unis, et surtout de l'Arabie Saoudite. À Washington, on le perçoit comme la meilleure zone de
transit pour récupérer le pétrole et le gaz d'Asie
centrale. Et à Riyad, pour les membres de la
famille Al-Saud qui dirigent d'une main de fer le
royaume saoudien, l'accession des taliban au pouvoir a toujours représenté une extension inespérée
de leur zone d'influence en Asie centrale. Leur

islam wahhabite d'obédience sunnite s'accorde si bien avec l'islam défendu par les taliban. Dès le début, ils perçoivent ces moines soldats comme de précieux frères de religion, qui leur permettront de prolonger leurs affaires pétrolières dans cette partie du monde, et surtout de contenir l'hégémonie de l'Iran voisin. Lequel promeut un islam d'obédience chiite qu'ils combattent.

Comment un territoire si petit, dirigé par un groupe religieux fanatique, lié par tant d'intérêts énergétiques, traversé par des luttes de pouvoir aux répercussions planétaires, ne serait-il pas devenu le creuset de la crise qui marque ce début de siècle ?

I

Les liaisons secrètes
États-Unis/taliban

1

Laila Helms, profession :
lobbyiste des taliban

Elle s'appelle Laila Helms, vit à Washington, et avec ses relations familiales il semblait peu probable qu'elle demeure à l'écart des zones les plus noires de notre monde. Laila n'est autre que la nièce de Richard Helms, naguère directeur de la CIA et ancien ambassadeur en Iran. La quarantaine pétillante, cette Américaine d'origine afghane a grandi au rythme des relations tumultueuses entre son pays d'origine et son pays d'adoption. Dans les années 80 déjà, depuis la côte Est des États-Unis, elle épousait la cause des moudjahidine alors en lutte contre l'envahisseur soviétique. En ce temps-là, elle adhérait à l'association américaine Friends of Afghanistan, véritable organisation non gouvernementale portée par le Département d'État et la Maison Blanche, et destinée à s'assurer la sympathie des opinions publiques à l'égard des moudjahidine afghans. Une sorte de relais occidental de la guerre sainte menée sur des terres lointaines contre l'URSS.

À ce titre, par exemple, la jeune Laila Helms organisa le voyage aux États-Unis du chef moudjahidin Sayed Mohammad Gailani, du 20 mars au 5 avril 1986. Incidemment, au cours de ce déplacement, ce cadre de la guérilla afghane discuta longuement avec le vice-président de l'époque, un certain George Bush père, c'était le 21 mars 1986 à Washington[1].

Les hasards de l'histoire, son entregent avec les chefs religieux afghans, mais aussi son carnet d'adresses, ont progressivement fait de Laila Helms l'incontournable lobbyiste de l'Afghanistan auprès des cercles de pouvoir américains. Produit de la politique des États-Unis dans cette région du monde, elle a longtemps soutenu les leaders islamistes qui avaient les faveurs de l'administration américaine. Aussi, à partir de l'année 1995, on la compte au nombre des représentants des intérêts des taliban à Washington ; lesquels s'apprêtent à prendre le pouvoir à Kaboul, avec la bénédiction et les dollars de l'Arabie Saoudite et la bienveillance du Département d'État américain.

Au cours des six dernières années, elle se consacre ainsi à superviser diverses actions d'influence au nom des taliban, notamment auprès des Nations Unies. Ses activités pour ces clients-là ne diminueront jamais, même après 1996, lorsque le chef des taliban Mohammed Omar deviendra officiellement moins fréquentable aux yeux du gouverne-

---

1. Archives du Committee for a Free Afghanistan et de l'organisation Friends of Afghanistan.

ment américain (après avoir eu largement recours aux exécutions sommaires). Elle persistera après 1997 lorsque les taliban accueilleront le chef intégriste Ossama Bin Laden, et même après 1998 quand ce dernier sera reconnu coupable d'avoir commandité les attentats contre les ambassades américaines de Nairobi et Dar es-Salaam. Ainsi, au mois de février 1999, Laila Helms a réalisé un documentaire télévisé pour NBC consacré à la vie des femmes afghanes, non sans avoir obtenu que la chaîne lui accorde une équipe de tournage pendant deux semaines en Afghanistan [1]. Le résultat : un film de propagande, qui présenterait les conditions de vie des femmes afghanes sous un jour particulièrement optimiste. Ni NBC ni aucun autre réseau télévisé américain n'a jamais accepté de diffuser le documentaire.

Si étrange que cela paraisse, l'activisme de Mme Helms ne représentait en rien une exception aux États-Unis. D'autres délégués des taliban y ont eu pignon sur rue jusqu'à une période très récente, à travers diverses structures plus ou moins discrètes. Par exemple le bureau américain de l'Émirat islamique d'Afghanistan, sorte de chancellerie implantée outre-Atlantique et dotée d'un statut très officieux, puisque le régime des étudiants en religion n'a jamais été reconnu par les États-Unis [2].

---

1. Témoignage de Deonna Kelli, chercheur à l'East Carolina University et coordinatrice de l'Association of Muslim Social Scientists.
2. Seuls le Pakistan, les Émirats arabes unis et l'Arabie Saoudite ont reconnu l'Émirat islamique d'Afghanistan, c'est-à-dire l'État taliban.

Pourtant, au mois d'août 2001, cette représentation disposait encore de quelques pièces dans un
immeuble du Queens, à New York, où recevait
Maulana Abdul Hakeem Mujahid, ambassadeur
informel des taliban en Amérique du Nord.

Après le 5 février 2001 et la demande de reconnaissance officielle des taliban, c'est donc tout
naturellement Laila Helms qui reçoit pour mission
d'orchestrer à Washington les nouvelles relations
américano-afghanes. En quelques semaines, elle
déploie des trésors de diplomatie pour obtenir que
les plus hauts responsables de l'administration
Bush rencontrent les émissaires du mollah Omar.
Dans l'administration américaine, ses anciens partenaires du temps de la guerre des moudjahidine
contre l'URSS représentent des contacts précieux.
Dans le camp républicain, les fonctionnaires qui
jadis soutenaient massivement les guérillas islamistes pour déstabiliser Moscou occupent à nouveau des postes clés. Des alliés de circonstance très
précieux.

Les premiers résultats se ressentent deux mois
plus tard. Entre le 18 et le 23 mars 2001, Sayed
Rahmatullah Hashimi, 24 ans, ambassadeur itinérant des taliban et conseiller personnel de Mohammed Omar, effectue une brève visite aux États-Unis.
Ce déplacement intervient après le dynamitage des
bouddhas millénaires de Bamyan. Malgré le
contexte tendu, notre lobbyiste planifie plusieurs
rencontres pour ce jeune dignitaire afghan. Selon

le journaliste américain Wayne Madsen[1], spécialiste des questions de sécurité et ancien officier de renseignement, deux structures au moins de l'administration consentent à discuter avec lui : la Direction centrale de la CIA[2] et le Bureau du renseignement du Département d'État[3]. Mieux : au pays des médias rois, elle obtient pour ce client deux interviews sur des supports particulièrement suivis par les décideurs politiques — ABC et la National Public Radio. Une occasion rêvée pour améliorer l'image des taliban, et ainsi faciliter les négociations[1].

Dans quel cadre s'inscrit alors cette visite ? Résulte-t-elle simplement des talents de Mme Helms ? Qui sont ses mandataires ? Et surtout à quelle logique obéit ce voyage ?

En réalité, depuis le début de l'année 1999 et jusqu'en août 2001, il existe aux États-Unis une volonté concertée et persistante d'aboutir à un règlement de la question afghane. Seule évolution

1. Témoignage recueilli par les auteurs.
2. Il s'agit du Directorate of Central Intelligence (DCI). Il englobe le directeur de la CIA ainsi qu'un cabinet chargé de coordonner toutes les activités de l'agence. C'est également le DCI qui gère tous les contacts sensibles avec les personnalités étrangères.
3. Le Bureau of Intelligence and Research du Département d'État fournit aux chefs de la diplomatie des analyses politiques et des renseignements stratégiques.
4. Le mercredi 21 mars 2001 à 14 heures, Sayed Rahmatullah Hashimi est longuement interviewé par l'animateur Juan Williams sur les ondes de la National Public Radio. Le vendredi 23 mars 2001 à 18 h 30, il répond aux questions de Bill Redeker sur la chaîne ABC News.

notable : les républicains décident d'accélérer le
processus enclenché par les membres de l'administration Clinton. La déclaration du ministre
des Affaires étrangères taliban du 5 février 2001
indique simplement que les maîtres de Kaboul
entendent, eux aussi, parvenir rapidement à un
accord.

Des deux côtés, les intérêts sont bien compris.
Au nom de sa politique énergétique, Washington
soutiendra un processus de reconnaissance internationale progressive pour les taliban. En échange,
ces derniers adopteront une politique plus paci-
fique, renonceront à héberger le chef intégriste
Ossama Bin Laden, et consentiront dans leurs relations internationales à demeurer dans la ligne des
États sunnites fondamentalistes [1]. Lesquels, à l'extérieur de leurs frontières, prennent des positions
conformes aux directions fixées par l'Arabie Saoudite, premier financier du sunnisme radical et premier allié des États-Unis dans le monde arabe.

D'éminentes personnalités se démènent pour
que cet échange de bons procédés se réalise.
Ainsi, dès le mois de janvier 2000, un haut responsable du Département d'État rencontre au
Pakistan l'ambassadeur des taliban, Saeed Mohammed Muttaqi [2]. Il en profite également pour discuter avec l'ambassadeur des États-Unis sur place,
Tom Simons, qui deviendra progressivement la
courroie de transmission de ces pourparlers. Le

1. Principalement : Arabie Saoudite, Émirats arabes unis, Pakistan.
2. Archives de l'ambassade des États-Unis à Islamabad.

dernier acte des négociations américano-afghanes commence là. Vu de la côte Est des États-Unis, elles se résument à obtenir que les alliés d'hier rentrent enfin dans le rang.

Car le régime taliban n'a pas toujours été honni par les responsables de la Maison Blanche et du Département d'État. Au contraire.

Pendant plusieurs années, on l'a même perçu comme un mouvement providentiel. De 1994 à 1998, les États-Unis expriment une relative bienveillance à l'égard des taliban. Il est vrai que les soubresauts d'un pays sont singulièrement perçus depuis les immeubles cossus et massifs qui longent les rives du Potomac, coupant ce quartier nord-est de Washington où tant de puissance siège, sereinement. Sur une surface de trois ou quatre kilomètres carrés, dans les états-majors financiers, politiques et militaires — de la Banque Mondiale au Pentagone —, on suit les affaires du monde en observant les écrans qui décrivent les marchés des matières premières et en lisant rapidement les télégrammes diplomatiques qui résument le tohu-bohu de l'actualité planétaire.

Au sujet de l'Afghanistan, ces indicateurs-là sont sans appel. Le pays est la clé des réserves énergétiques d'Asie centrale : il doit être dominé par un gouvernement fort et incontesté pour profiter paisiblement de cette situation. Donc, même après les attentats de Nairobi et Dar es-Salaam en 1998, alors que les taliban protègent ouvertement Ossama Bin Laden, encore et toujours on négocie.

2

Le Département d'État
« parrain » des taliban

L'émergence en 1994 des « étudiants en religion », un nom générique qui se traduit donc
par le mot « taliban » en langue pachtoune, se
révèle indissociable des enjeux pétroliers et
gaziers de la région. Ils expliquent pourquoi plusieurs États ainsi que de grandes compagnies
pétrolières ont misé sur ce groupe de moines soldats, perçu comme le seul capable d'instaurer
un gouvernement fort, source de stabilité et de
sécurité.

Car un peu plus au nord, au-delà des montagnes afghanes, les riches sous-sols du Turkménistan, de l'Ouzbékistan et surtout du Kazakhstan présentent un intérêt à condition de
s'affranchir des contraintes géographiques. Donc
de transporter le pétrole et le gaz dont ils regor-
gent en utilisant, par exemple, l'Afghanistan.
Concrètement : extraire et vendre ce pétrole et
ce gaz suppose de les faire cheminer soit par
l'ouest, en leur faisant traverser la Russie ou
l'Azerbaïdjan avant d'atteindre la Turquie et un

terminal en Méditerranée ; soit par le sud-ouest en passant par l'Iran ; soit enfin par le sud en passant par l'Afghanistan. Ainsi, le projet de pipeline Chardzhou (au Turkménistan)-Gwadar (ville pakistanaise sur les rives du golfe Persique) traverse l'Afghanistan de part en part et passe non loin de la ville d'Herat. De la même manière, le projet de gazoduc entre Daulatabad (terminal au Turkménistan reliant déjà d'autres installations gazières de la région) et Multan (Pakistan) court à travers les vallées afghanes, en passant notamment à proximité de Kandahar. Pour de nombreuses compagnies pétrolières occidentales et leur gouvernement, et d'abord pour les États-Unis, la solution afghane présente un intérêt politique majeur. Elle constitue l'alternative rêvée à des tracés flirtant avec la Russie ou pénétrant en Iran. Des solutions qui supposent de négocier directement avec Moscou ou Téhéran, en adoptant la position de « demandeur », un véritable cauchemar pour Washington qui multiplie les initiatives pour contenir l'influence de ces pays en Asie centrale.

Au sud-ouest de l'Afghanistan, la ville de Kandahar, jadis célèbre pour son oasis, s'impose de nos jours comme le berceau du mouvement taliban Une cité très religieuse pour l'ethnie pachtoune qui domine le pays, par opposition à Kaboul, centre administratif et commercial, plus ouvert vers l'extérieur. Dès les premières heures de la résistance à l'invasion soviétique, en 1979, c'est à

Kandahar que se retrouvent nombre de tribus[1] dominées par des chefs musulmans déterminés à en découdre avec l'armée rouge.

Après le départ des troupes du Kremlin, en 1989, la ville rassemble les principaux chefs des différents mouvements pachtouns, lesquels prônent un sunnisme plus radical que jamais. Car pour les moudjahidine qui reviennent dans cette vallée du sud, la guérilla contre l'URSS s'apparentait surtout à une guerre sainte menée au nom d'Allah. L'argent et les conseillers militaires dépêchés par l'Arabie Saoudite y ont amplement contribué (au premier rang desquels le jeune Ossama Bin Laden, honorable correspondant du GID, les services secrets saoudiens). Tandis que la guerre civile avec les autres ethnies s'étend à Kaboul et aux villes du Nord[2], de nombreux guerriers pachtouns abandonnent pour un temps le kalachnikov pour suivre des enseignements religieux dans des écoles des environs. Soucieux de parfaire leur connaissance livresque du Coran au lendemain du Djihad, ils s'inscrivent dans diverses madrasas de la région de Kandahar. Or plusieurs d'entre elles entretiennent des liens aussi bien spirituels que matériels

1. Aujourd'hui encore, la structure de la société afghane est dominée par le mode tribal. Une situation qui résulte d'une économie agraire dans une zone de montagnes, renforcée par une faible densité de population et peu d'échanges, et cristallisée par un système éducatif quasi absent (plus de 80 % d'illettrisme dans les années 90).
2. Les 15 millions d'habitants se répartissent selon quatre ethnies principales : les Pachtouns (40 %), les Tadjiks (30 %), les Turkmènes (Ouzbeks et Kazakhs, 15 %), les Hazaras (d'origine mongole, 12 %).

avec la puissante école coranique de Deobandi, située en Inde, et connue pour ses positions très radicales et son prosélytisme en faveur d'un islam pur (le culte des saints y est notamment proscrit).

Un jeune chef moudjahidin, Mohammed Omar, adhère à l'une d'elles. Âgé de 27 ans en 1990, Omar bénéficie d'une certaine notoriété à son retour. Il laisse l'image d'un héros de la lutte contre les Soviétiques, familier des coups de main les plus audacieux et qui n'hésite pas à payer de sa personne. Une bravoure qui lui a valu de perdre l'œil droit, en 1989, après avoir essuyé un tir de roquette. Il personnifie, avec d'autres, l'avenir du pouvoir afghan, dans un pays où la direction des affaires reste interdite aux femmes et où de nombreux chefs historiques ont péri à la guerre ou ont fui. Pour Omar, ces années d'apprentissage du Coran s'inscrivent dans une suite naturelle. Jusque-là tout son parcours de moudjahidin a été encadré par une structure islamique forte ; en l'occurrence le parti Hizb-I-Islami du chef Younis Khalis, dans lequel il s'est engagé pour partir combattre dans les montagnes. Maintenant, il veut devenir un maître spirituel, et abandonner ses habits, trop étroits à son goût, de simple chef de guerre.

À ce stade de son parcours, plusieurs versions se mêlent, fruits des légendes distillées à son endroit par la propagande taliban. « Officiellement » donc : épris de pureté et de dévotion, entre 1992 et 1994 Mohammed Omar entreprend de défendre les pauvres de la vallée de Kandahar et de combattre les patriarches des différentes tribus qui mènent une vie contraire à l'islam. En ce temps-là, il passe pour un Robin des Bois local[1]. Ici on raconte qu'il a abattu un chef dévoyé sodomite, là on rapporte qu'il a égorgé un représentant des moudjahidine dépravé — comme ce serait le cas dans le village de Panjway. Rapidement, il devient le leader charismatique que tous les «amis» de l'Afghanistan attendaient; c'est-à-dire ses voisins pakistanais et quelques hommes d'affaires du secteur pétrolier.

Car, au Pakistan, la situation afghane ne cesse d'inquiéter depuis le déclenchement de la guerre civile, en 1989, après le départ des Soviétiques. Depuis sa fondation en 1947, l'État pakistanais doit en effet composer avec des crises diplomatiques endémiques avec son voisin du sud, l'Inde. Régulièrement, les deux pays lancent des actions militaires pour le contrôle de la province du Cachemire qu'ils se disputent. Pour Islamabad, il est vital que son voisin du nord, l'Afghanistan, reste entre les mains d'un gouvernement ami qui exerce une réelle autorité; sous peine d'être étouffé entre deux zones d'instabilité. Il en va des intérêts vitaux de la nation pakistanaise. Dès lors, le soutien apporté aux taliban ne résulte plus que des hasards des jeux d'alliance.

---

1. Si la comparaison peut sembler exagérée, il est cependant avéré qu'à cette époque Mohammed Omar a pris les armes pour éliminer quelques tyrans de la vallée. Autant par bonté d'âme que pour supprimer des rivaux. Pour une histoire complète de l'émergence des dirigeants taliban, voir l'excellent document du journaliste d'origine pakistanaise Ahmed Rashid, *Taliban : militant islam oil and fundamentalism in Central Asia* (Yale University Press, 2000).

D'autres partis de la mosaïque afghane peuvent alors être choisis à leur place. Mais les « étudiants en religion » rassemblent plusieurs qualités, perçues comme éminemment stratégiques par leurs parrains. Au Pakistan, le parti Jamiat Ulema Islami, qui joue un rôle clé au Parlement, les range au nombre de leurs frères de religion, et encourage les autorités à les épauler. Les services secrets pakistanais de l'ISI les considèrent comme l'émanation la plus pure des moudjahidine des années 80, qu'ils ont eux-mêmes formés, et sur lesquels ils exercent toujours un contrôle, à la différence des autres entités de la nation afghane qui marquent leurs distances. À Riyad, le gouvernement saoudien du roi Fahd, principal financier de l'ISI, encourage ce mouvement. En coopération avec les États-Unis, l'Arabie Saoudite a dépensé sans compter pour que l'Afghanistan ne tombe pas aux mains des Soviétiques. Le chaos qui prévaut sur place entre 1989 et 1994 ne cesse de désespérer les dirigeants saoudiens ; eux qui voyaient en l'Afghanistan une nouvelle zone d'influence de cet islam pur, le wahhabisme [1], qu'ils s'attachent à défendre depuis si longtemps.

Des considérations plus terrestres abondent en outre en ce sens. L'Iran chiite [2], frontalier de l'Af-

---

1. Mouvement théologique apparu au XVIIIe siècle, très expansionniste par nature.
2. Opposition fondamentale entre l'islam sunnite et l'islam chiite, né d'un schisme majeur lié à la reconnaissance des descendants du prophète. La péninsule arabique, adepte d'un sunnisme radical, s'oppose farouchement aux chiites perses.

ghanistan, ne cesse d'inquiéter les dignitaires religieux saoudiens. À Riyad, ces suppliques émanant
du ministère des Cultes ne sauraient être ignorées
par le roi et son prince héritier. Si Téhéran venait
à exercer son contrôle sur Kaboul, c'est le verrou
de l'Asie centrale que contrôleraient les frères
ennemis chiites.

Washington partage cette analyse. Depuis 1979
et la prise en otage de l'ambassade américaine de
Téhéran, le Département d'État a pour principal
objectif d'affaiblir la république islamique d'Iran.
Dès lors, pour les conseillers à la sécurité américains, promouvoir des sunnites radicaux tels que
les taliban revient à encercler, à contenir la zone
d'influence chiite dans cette partie du monde.
D'autres raisons, plus économiques, les conduisent à adopter une telle position. Depuis 1991,
diverses compagnies pétrolières américaines, dont
Chevron, prennent des positions importantes au
Kazakhstan, au Turkménistan et au Kirghizstan.
Or, la Russie refuse de négocier une utilisation de
ses propres pipelines, sous forme de location, pour
transporter ces ressources énergétiques jusqu'à
des terminaux.

Nous sommes en 1994, tous les éléments sont
réunis pour transformer les taliban en pacifica-
teurs tant attendus.

3

Un gazoduc pour les taliban

Un homme, plus ou moins volontairement, va cristalliser ces attentes et donner toute sa substance à l'aide extérieure qui permettra aux taliban de prendre le pouvoir.

Naturellement, il s'agit d'un « pétrolier ». Il s'appelle Carlos Bulgheroni, ce n'est ni un Saoudien, ni un Pakistanais, ni un Américain ; c'est un Argentin. Il préside à la destinée du quatrième groupe énergétique d'Amérique latine, Bridas, une société implantée à Buenos Aires et fondée après-guerre. Depuis les années 70, l'entreprise pétrolière argentine est devenue un groupe mondial. Avec des activités en Inde et au Pakistan, les dirigeants de Bridas perçoivent assez tôt — entre 1991 et 1992 — l'opportunité de nouer des partenariats avec les nouveaux dirigeants des anciennes républiques soviétiques, notamment au Turkménistan. Depuis leurs bureaux d'Islamabad, ils imaginent que l'Afghanistan sera bientôt un pays stable, avec à sa tête des dirigeants avec lesquels ils s'entendront afin de construire des oléoducs et des gazoducs reliant le

Turkménistan au Pakistan. Carlos Bulgheroni noue un premier partenariat avec le gouvernement turkmène en janvier 1992, pour l'exploitation du champ gazier de Daulatabad. Et le 16 mars 1995, il gagne son pari en réunissant dirigeants pakistanais et turkmènes qui signent un accord de principe prévoyant la construction d'un oléoduc traversant l'Afghanistan [1].

Dès lors, Bulgheroni convie d'autres compagnies pétrolières à se joindre à son affaire, et notamment le groupe Unocal, douzième société pétrolière américaine.

La Union Oil Company of California, fondée en 1890 à Santa Paula, devenue la Unocal Corporation en 1983, appartient aux *success stories* du secteur énergétique. À partir du milieu des années 90, sous l'autorité de son président de l'époque Roger Beach, elle talonne les dix premiers groupes américains. Entrepreneur avisé, Beach saisit immédiatement les potentialités de l'offre que lui adresse son partenaire Carlos Bulgheroni. À telle enseigne qu'il décide même de se passer de ses services et d'investir dans la région sans le concours de Bridas [2]. Pour garder sa marge de manœuvre et disposer d'appuis financiers, il sollicite un autre groupe, le saoudien Delta Oil.

Le 21 octobre 1995, les dirigeants d'Unocal et

---

1. *FT Energy Newsletters*, East European Energy Report, 27 mars 1995.
2. Une décision cavalière qui conduira Bridas à assigner Unocal en justice, aux États-Unis. L'entreprise argentine l'emportera après plusieurs années de procédure.

ceux de Delta Oil signent un accord avec le président du Turkménistan Saparmurat Niyazov, portant sur des exportations de gaz évaluées à 8 milliards de dollars... Et prévoyant la construction d'un gazoduc qui traverse l'Afghanistan [1]. Un chantier estimé à 3 milliards de dollars. À compter de cette période, le soutien aux taliban n'est plus seulement un enjeu géostratégique, il devient une priorité économique.

Étrangement, de façon concomitante, les services secrets saoudiens du GID, dirigés par le prince Turki Al-Faisal, décident de financer massivement les taliban ; en leur fournissant notamment des moyens de communication, mais aussi ces dizaines de *pick-up* noirs de facture japonaise aux vitres teintées, qu'ils affectionnent tant. L'Arabie Saoudite lâche toutes les autres factions issues des ethnies ouzbek et tadjik, qui se retrouvent dès lors dépourvues de moyens. Elles reculent, perdent du terrain. Faisant l'unanimité autour d'eux, les fondamentalistes marchent sur Kaboul et s'emparent du pouvoir à la satisfaction générale le 27 septembre 1996. Quelques mois plus tôt, l'assistant du secrétaire d'État américain responsable du sud de l'Asie, Robin Raphel, s'était rendu à Kandahar pour apporter sa bénédiction aux événements en cours. Le 19 avril 1996 il déclarait : « Nous sommes préoccupés par les opportunités économiques qui peuvent nous échapper, ici, si la

---

1. *Oil & Gas Journal*, 30 octobre 1995.

stabilité politique ne peut pas être restaurée[1]. »
Explicite, non ?

À l'étranger, ce soutien aux fondamentalistes
afghans est relayé par de prestigieux cénacles politiques. Les deux instituts de recherches américains
les plus influents en matière de politique étrangère prennent fait et cause pour eux. Ces défen-
seurs très écoutés se nomment : le Council on
Foreign Relations[2] (véritable temple de la diplomatie américaine auquel adhèrent ambassadeurs,
anciens ministres, mandarins en relations internationales de l'Université de Georgetown ou de la
prestigieuse Johns Hopkins School) mais aussi la
Rand Corporation (centre d'études œuvrant essentiellement pour le Pentagone, l'industrie de Défense
et le secteur énergétique). Ainsi, Barnett Rubin,
spécialiste de l'Afghanistan au Council on Foreign
Relations, n'hésite pas à lancer au mois d'octobre
1996 : « Les taliban ne possèdent vraiment aucun
lien avec l'internationale islamique radicale. En
réalité, ils la détestent[3]... » Éloquent ! Des déclarations qui interviennent un mois après leur prise de
pouvoir, alors que les étudiants en religion parlent
déjà d'Émirat islamique d'Afghanistan, qu'ils doivent leur spectaculaire ascension aux dollars de la
dictature fondamentaliste saoudienne, et en parti-

1. Déclaration de Robin Raphel à l'AFP lors de sa visite en
Afghanistan : « We are also concerned that economic opportuni-
ties here will be missed, if political stability cannot be restored. ».
2. Éditeur de la revue *Foreign Affairs*, la revue internationale la
plus influente en matière de géostratégie et de politique de
défense.
3. Interview accordée à *Time*, 14 octobre 1996.

culier aux chefs religieux de ce pays partisan d'un islam orthodoxe et archaïque, que Mohammed Omar s'est autoproclamé Commandeur des croyants et a pris le titre de mollah, et qu'enfin les taliban ont sommairement exécuté l'ancien président procommuniste Mohammed Najibullah alors qu'il avait trouvé refuge dans des locaux de l'ONU à Kaboul. Sans commentaire.

Au sortir du terrible hiver afghan, au commencement de l'année 1997, la cause semble entendue. Sur le terrain, experts pétroliers et diplomates reconvertis dans les affaires s'activent alors que les milices religieuses contrôlent près de 90 % du territoire. Le projet de gazoduc pourra bientôt se matérialiser. Unocal étoffe ses équipes basées à Islamabad et envoie plusieurs délégués à Kaboul et surtout à Kandahar, le bastion de leurs nouveaux et si précieux alliés. La compagnie pétrolière ne rechigne pas à la dépense, dans tous les domaines. Elle offre 900 000 dollars au Centre d'études afghanes de l'Université du Nebraska, lequel les dépense en finançant diverses infrastructures dans la ville même de Kandahar. D'éminentes personnalités participent à cet élan charitable. Par exemple Gerald Boardman, ancien responsable de l'USAID (US Agency for International Development), l'organisation caritative placée directement sous la tutelle du Département d'État américain. Grâce aux fonds d'Unocal, il finance les projets éducatifs des taliban à Kandahar sous couvert d'actions humanitaires entreprises par l'Université du Nebraska[1]. Unocal recrute des hommes qui font autorité. Ainsi Robert Oakley, ancien ambassadeur des États-Unis au Pakistan, est embauché pour gérer l'ensemble du volet diplomatique du «pactole afghan». Il s'installe à Islamabad, dans les bureaux de Cent-Gas, le consortium local fondé par la compagnie pétrolière[2].

Côté saoudien, outre Delta Oil, toutes les familles princières voudraient tirer profit de l'hégémonie des taliban, ces jeunes frères turbulents qui maintenant font régner l'ordre. L'argentin Bridas le comprend vite, et après la trahison d'Unocal, la société cherche de nouveaux partenaires et se rapproche de la compagnie saoudienne Ningharco[3], une entreprise très proche[4] de Turki Al-Faisal, le directeur des services du renseignement du GID.

1. Anecdote rapportée par Ahmed Rashid, voir plus haut.

2. Le capital de CentGas se répartissait ainsi : 70 % pour Unocal, 15 % pour Delta Oil, 10 % pour le russe Gazprom, 5 % pour Turkmenrosgas, société d'État turkmène.

3. Alliance rapportée pour la première fois dans le *Journal of Commerce*, 3 novembre 1997.

4. Sur les subtilités de l'arbre généalogique saoudien, voir chapitres 7 et 8.

4

Mollah Omar, un allié encombrant

Tandis que les accords politiques et commer-
ciaux vont bon train, au printemps 1997 de violents combats reprennent dans le nord du pays.
Avec eux, contre toute attente, va débuter une
période de disgrâce « officielle » des taliban, au cours
de laquelle ces derniers multiplient les erreurs
politiques, obligeant leurs interlocuteurs à prendre
quelques distances.

Des offensives contre la ville de Mazar-i-Charif,
tenue par les troupes du commandant Ahmed
Massoud et surtout par celles du général d'origine
ouzbek Rachid Dostum, donnent lieu à des luttes
d'une rare cruauté. De nombreux cas de torture
sont avérés. Entre les mois de mai et août 1997,
près de 10 000 personnes périssent dans cette
bataille. Au même moment, plus au sud, à Kaboul,
les taliban au pouvoir depuis un an édictent des
mesures qui se révèlent de plus en plus liberticides.
Les femmes semblent les premières victimes du
régime. La communauté internationale s'émeut,
discrètement encore. Et puis vient le 28 septembre

1997, véritable tournant dans les relations des chefs de l'Afghanistan avec le reste du monde. Ce jour-là, la commissaire de l'Union européenne en charge des affaires humanitaires, Emma Bonino, effectue une visite en Afghanistan, pour voir. Elle mesure immédiatement l'archaïsme des étudiants en religion. Accompagnée de plusieurs journalistes et de responsables d'organisations humanitaires, elle constate les dégâts quant à la condition des femmes, l'éducation et les libertés publiques. Plusieurs incidents éclatent même lors de ses déplacements. Certains membres de sa délégation sont appréhendés par la police [1].

Simultanément, alors que les taliban montrent leur vrai visage, le problème Bin Laden surgit pour l'Afghanistan.

Depuis près de deux ans environ, les sunnites fondamentalistes d'origine saoudienne désignent les États-Unis comme leur principal ennemi. Dans leur quartier général de Khartoum au Soudan, et avec l'aide de leurs bases arrière implantées dans des régions du Yémen que ne contrôle pas l'armée, ils planifient les premières actions contre ces impérialistes qui souillent la terre saoudienne, où siègent les lieux saints de l'Islam. Ossama Bin Laden appartient au nombre de leurs chefs [2]. Déchu de la nationalité saoudienne en avril 1994 pour avoir vertement critiqué le pou-

1. AFP, 29 septembre 1997.
2. Voir chapitres 9 et 10 : Le mythe du renégat.

voir en place et sa soumission aux États-Unis, à la plus grande joie des autorités religieuses, on l'accuse déjà d'être l'instigateur d'un attentat survenu le 25 juin 1996 contre la résidence des militaires américains de Khobar, en Arabie Saoudite. Grâce à ses ressources financières, on dit qu'il formerait un mouvement politique partisan de l'islam le plus pur, contre la corruption de la monarchie régnante, et qui regrouperait les anciens combattants d'origine arabe de la guerre contre les Soviétiques. Or, à la même période, on le croise à plusieurs reprises en Afghanistan, dans la ville de Jalalabad, le fief du chef intégriste Gulbudin Hekmatyar, ancien compagnon d'armes au temps de la guérilla contre l'armée rouge, et surtout ancien chef de Mohammed Omar, le nouvel homme fort du pays.

Ce premier retour en Asie centrale, après son départ de 1991, intervient au mois de mai 1996, alors que son protecteur, le chef d'État soudanais Omar al-Bashir, décide de se rendre en pèlerinage à La Mecque en Arabie Saoudite. Pour ne pas embarrasser les relations de son hôte avec la monarchie saoudienne, Ossama Bin Laden s'envole vers le Pakistan, et de là rejoint pour quelques semaines la cité de Jalalabad [1]. Ses deux fils, Saad et Abdurahman, demeurent dans un premier temps au Soudan, puis le rejoignent environ six mois plus tard. Au début de l'année 1997, après des offensives infructueuses contre le régime

---

1. *Le Monde du renseignement*, n° 290, juin 1996.

libyen du colonel Muammar Kadhafi [1], Ossama
Bin Laden décide de s'installer définitivement en
Afghanistan.

De façon concomitante, l'administration du président Clinton découvre le personnage, notamment
à la suite d'un rapport «informel» réalisé
par le général Wayne Downing à la demande du
sous-secrétaire à la Défense John White. Cet officier supérieur vient alors de prendre sa retraite, en
février 1996, après avoir dirigé pendant plusieurs
années le Commandement des opérations spé-
ciales des armées américaines. C'est un spécialiste
de l'antiterrorisme [2]. Au lendemain de l'attentat de
Khobar, tandis que les autorités de Riyad refusent
que des équipes du FBI conduisent des investigations sur place, en Arabie Saoudite, c'est lui que le
Pentagone choisit pour mener des recherches, discrètes, en dehors du cadre judiciaire — pour comprendre. Depuis, Downing passe pour le premier
cadre de l'armée américaine à avoir appréhendé
le «phénomène Bin Laden».

L'évolution du régime des taliban et les amitiés
qu'ils forgent avec ces nouveaux ennemis de l'Amérique contrarient de plus en plus les espoirs des compagnies pétrolières, du département du commerce
et des diplomates. Au mois de novembre 1997, mal-

---

1. Voir chapitre 9.
2. Près d'un mois après les attentats, le 10 octobre 2001, la Maison Blanche a rappelé le général Downing. La présidence lui a
confié la direction du renseignement se rapportant à l'organisation Al-Qaeda. Il travaille directement auprès de Condoleeza Rice,
la conseillère pour la sécurité du président George W. Bush.

gré les promesses de lendemains meilleurs répétées par les promoteurs de CentGas, la secrétaire d'État Madeleine Albright critique ouvertement le nouveau régime en place à Kaboul, lors d'un voyage officiel à Islamabad. Officiellement, Washington prend ses distances à l'égard des taliban. La rupture se consomme tout au long des mois suivants, jusqu'à son point d'orgue, au cours de cet été 1998.

Nous sommes à la fin du mois de juillet, à Kaboul, le gouvernement contraint les organisations non gouvernementales à quitter le pays. Plus au nord, les taliban réduisent l'opposition au silence en s'emparant définitivement de Mazar-i-Charif; désormais seule une poignée d'irréductibles résisteront autour du commandant Massoud, mais sur moins de 5 % du territoire et cantonnés dans des massifs montagneux coupés du monde. Des exactions sont commises lors de la prise de la ville, et, surtout, les combattants sunnites radicaux passent par les armes dix diplomates iraniens. Un point de non-retour est franchi aux yeux de nombreux responsables politiques internationaux. Ce n'est pas tout. Le 7 août 1998 surviennent les attentats contre les ambassades américaines de Nairobi et Dar es-Salaam. Ossama Bin Laden les a commandités, avec l'appui logistique des réseaux du Djihad islamique et de la Jamaa i-Islamya, deux mouvements terroristes alliés de longue date, et très bien implantés en Afrique de l'Est. Le 20 août, les États-Unis répliquent en expédiant 75 missiles de croisière sur des cibles dans les régions de Khost et de Jalalabad, où sont implantés les camps de l'organisation Al-Qaeda, et sur une usine pharmaceutique au Soudan. Le lendemain Mohammed Omar condamne l'attaque et annonce qu'il héberge avec bienveillance Bin Laden.

Fin du premier acte. L'administration américaine cesse toute relation directe avec Kaboul... Pour six mois seulement.

Conséquence · pour l'heure, le projet pétrolier capote. Dans tous les États-Unis, le mouvement Feminist Majority multiplie les campagnes contre la firme Unocal[1], l'accusant de soutenir une dictature qui fait de l'asservissement des femmes un des fondements de sa politique sociale. Hillary Clinton leur apporte un soutien public et appuyé. Progressivement, Unocal retire toutes ses équipes et ferme tous ses bureaux en Afghanistan et au Pakistan. Pour autant, à Washington, au Bureau des Affaires asiatiques du Département d'État, on regrette cet engrenage malheureux. Personne ne perd de vue l'immense avantage qu'apporterait à tous un gouvernement ami en Afghanistan, où siégeraient des dirigeants capables de stabiliser le pays, comme les étudiants en religion l'avaient laissé espérer. L'idée de privilégier à l'avenir des taliban « modérés » fait son chemin. Calcul cynique et autodestructeur. Pour beaucoup l'endroit est trop important pour renoncer, sous prétexte de désaccord avec quelques fondamentalistes un peu trop habitués à guerroyer.

---

1. Audition de Marvis Leno, l'une des leaders de Feminist Majority, le 9 mars 1999 au Sénat. Unocal est formellement accusé d'avoir soutenu les taliban.

5

Négocier à tout prix

Ailleurs, pour d'autres pays, on aurait immédiatement mis en place un embargo draconien, assiégé
les potentats locaux, soutenu une opposition démo-
cratique... Pour l'Afghanistan, « ce n'est pas l'option
qui prévaut », entend-on ici et là à Washington, dans
les couloirs des commissions du Congrès en charge
des affaires étrangères.

Mieux, le 1er février 1999, le Département d'État
tente de réunir de nouvelles conditions pour qu'un
partenariat acceptable soit étudié de part et d'autre.
Le numéro deux de la diplomatie américaine, le
sous-secrétaire d'État Strobe Talbott, se rend personnellement à Islamabad au Pakistan pour y rencontrer plusieurs représentants taliban. Il discute
avec eux des preuves de la culpabilité d'Ossama Bin
Laden et de son organisation Al-Qaeda dans les
attentats de Nairobi et Dar es-Salaam (déjà !), leur
remet une lettre demandant officiellement l'extradition de ce dernier, et évoque l'avenir des relations
entre les deux pays si le cas Bin Laden est réglé.

Mais rapidement, chacun sait que ces démarches

pèseront peu face à la détermination des sunnites radicaux afghans. Trop de pays s'intéressent de près à la question et interfèrent dans les débats. Donc, parallèlement, un autre cadre de discussion s'impose, moins voyant, celui d'un groupe international aussi efficace que méconnu, baptisé « 6+2 », et créé à l'initiative des Russes et des Américains[1]. Il prend corps au sein des Nations Unies.

Lakhdar Brahimi est un diplomate chevronné. C'est lui que le Secrétaire général de l'ONU désigne pour organiser et superviser les médiations avec le gouvernement taliban. Durant l'année 1999 on le voit partout. Dans les vallées de Kandahar en Afghanistan, au Pakistan et surtout à Riyad en Arabie Saoudite, où il rencontre le roi Fahd en personne, également au mois de février 1999, mais vraisemblablement aussi le prince Turki Al-Faisal, qui a équipé et armé les services secrets pakistanais de l'ISI, les légions taliban, et les premières milices de moudjahidine dans lesquelles Ossama Bin Laden s'est illustré dans les années 80[2]. Sous drapeau onusien, Brahimi devient

1. Comme l'atteste une déclaration du 9 décembre 1998 de Peter Burleigh, ambassadeur des États-Unis auprès de l'ONU, Moscou et Washington formulent l'idée de créer ce groupe 6+2 dès le troisième trimestre 1997 (archives des Nations Unies). Elle prend corps dans le courant du printemps 1999.

2. Il est aujourd'hui avéré que le prince Turki Al-Faisal, fils de l'ex-roi Faisal, a réellement cherché à obtenir l'extradition d'Ossama Bin Laden, pour qu'il soit jugé par les siens, en Arabie Saoudite. Ses premières démarches en ce sens auprès des taliban ont été entreprises dans le courant du second trimestre 1999. Directeur des services secrets saoudiens du GID depuis 1977, Turki Al-

un personnage incontournable pour tous les acteurs de l'échiquier afghan. À New York, dans les hauteurs du siège des Nations Unies, au niveau de la 50ᵉ Rue, les représentants des chancelleries russe et américaine en disent le plus grand bien. Tout naturellement, c'est lui qu'elles adoubent pour mener à bien le projet de fonder et d'animer le groupe 6+2.

Celui-ci rassemble les six pays qui partagent des frontières communes avec l'Afghanistan, c'est-à-dire le Pakistan, l'Iran, la Chine, l'Ouzbékistan, le Tadjikistan et le Turkménistan; auxquels se joignent la Russie et les États-Unis. Les «+2», ce sont eux. Un vrai héritage de la géostratégie du temps de la guerre froide. En dehors de tout cadre juridique contraignant mais avec la bénédiction de l'ONU, vingt ans après, une fois de plus, Washington et Moscou décident du sort de l'Afghanistan. Seule évolution notable : cette fois-ci les deux gouvernements s'entendent directement, prennent en compte les visées stratégiques des pays voisins, et ne s'affrontent plus par Afghans interposés. Les premières discussions du groupe 6+2 débutent vraiment le 19 juillet 1999 et se déroulent à Tachkent en Ouzbékistan [1],

Faisal en a été limogé le 30 août 2001. Le 10 octobre 2001, dans une lettre ouverte publiée par le journal arabe *Al-Sharq Al-Aswat*, il reconnaissait la responsabilité d'Ossama Bin Laden dans les attentats de Nairobi, Dar es-Salaam, et du 11 septembre 2001 contre le World Trade Center et le Pentagone.
    1. Comptes rendus des auditions du Conseil de Sécurité de l'ONU du 31 août 1999 sur la situation en Afghanistan. L'ambassadeur russe Gennadi Gatilov et son homologue iranien Mehdi Danesh-Yazdi citent les débuts des travaux du groupe 6+2.

en présence des taliban et un mois après que le FBI place Ossama Bin Laden sur sa liste des dix criminels les plus recherchés au monde par le département américain de la Justice.

À cette date, les États-Unis reprennent espoir de dompter les taliban. Le 4 juillet 1999, le président Bill Clinton reçoit en visite officielle le Premier ministre pakistanais Nawaz Sharif, alors que New Delhi et Islamabad se déchirent à nouveau à propos du Cachemire. Les deux hommes en parlent, et trouvent un terrain d'entente. Sharif obtient un délai de plusieurs semaines pour ordonner à ses militaires de se retirer des montagnes du Cachemire, où ils encadrent et conseillent des groupes de combattants islamistes, recrutés et formés par les services secrets de l'ISI. En contrepartie, le chef du gouvernement doit demander au directeur de cette même ISI, le général Khawaja Ziauldine, de se rendre à Kandahar en Afghanistan pour plaider en faveur de l'extradition d'Ossama Bin Laden[1]. Contre toute attente, cet échange de bons procédés fonctionne à merveille ; aux environs du 5 octobre, Ziauldine peut s'entretenir avec le mollah Omar, et ce dernier se dit prêt à coopérer ! Dans l'esprit des conseillers de Bill Clinton, les succès s'enchaînent. Le 7 octobre, le Premier ministre demande à l'ISI de fermer l'ensemble des camps d'entraînement d'intégristes musulmans implantés à la frontière pakistano-afghane, notamment dans la région dite de la « zone tribale ».

---

1. *Le Monde du renseignement*, n° 368, 21 octobre 1999.

Hélas, le 12 octobre, un putsch survient à Islamabad. Le chef d'état-major des armées renverse Nawaz Sharif et s'empare du pouvoir. Son nom ? Le général Pervez Musharaf. Il prône un islam modéré et adopte immédiatement des discours politiques très mesurés à l'égard de l'étranger. La puissance américaine se montre rassurée, même si les efforts d'intermédiation du précédent gouvernement Sharif sont réduits à néant par ce changement brutal.

Dans ce contexte, le 15 octobre 1999, le Conseil de Sécurité de l'ONU vote la résolution n° 1267, exigeant de Kaboul une extradition d'Ossama Bin Laden, et prévoyant des sanctions économiques très mesurées. On maintient la pression, mais on ne se fâche surtout pas

Janvier 2000, aux États-Unis, dans les états-majors des partis républicain et démocrate à Washington, un compte à rebours se déclenche. D'ici au mois de novembre suivant, le pays vivra au rythme de la prochaine campagne présidentielle. Dans un an, le nouveau président traversera la ville, dans une limousine noire, après avoir prêté serment sur la Bible de préserver et respecter la Constitution. Déjà, de part et d'autre, on fourbit ses armes, principalement de savants plans marketing pour aguicher le consommateur qui vibre en chaque électeur.

Même si le débat politique ne porte nullement sur des questions internationales, l'équipe Clinton tient à régler certains dossiers avant de faire ses cartons. Affaire de responsabilité, et d'opportunité aussi... Son prestige terni par l'affaire Monica Lewinsky, Bill Clinton sait qu'il lui reste des possibilités pour achever son mandat sous les vivats. Une issue qui ne déplairait pas au vice-président Al Gore, successeur désigné pour le camp démocrate et que l'on considère déjà comme l'héritier spirituel de Clinton, à tort ou à raison.

À cette époque, sur le globe terrestre, deux nœuds gordiens inquiètent aussi bien les partenaires de l'Amérique que les experts des questions de sécurité internationale de Washington : les territoires occupés palestiniens et les objectifs des taliban en Afghanistan. Durant ses derniers mois dans le bureau ovale, Bill Clinton multiplie les initiatives et s'emploie à apporter des solutions concrètes à ces problèmes.

En ce mois de janvier 2000, après les signes de bonne volonté adressés par Mohammed Omar, les conseillers diplomatiques du président estiment raisonnable de reprendre le dialogue. Le jeudi 20 janvier 2000, l'assistant du secrétaire d'État en charge de l'Asie se rend donc à Islamabad. Cette visite de Karl Inderfurth constitue la première prise de contact entre l'administration américaine et le nouveau maître du pays, le général Pervez Musharaf. Sur place, cet adjoint de Madeleine Albright, la Secrétaire d'État de l'époque, rencontre deux hauts responsables afghans : le ministre de l'Information taliban Amir Khan Muttaqi, et l'ambassadeur des taliban au Pakistan, Saeed Mohammed Muttaqi[1]. Objet des pourparlers : l'extradition d'Ossama Bin Laden et la normalisation des relations entre la communauté internationale et les taliban. Inderfurth en profite également pour discuter avec l'ambassadeur des États-Unis sur place, Tom Simons, qui deviendra pour quelques mois la courroie de transmission de ces pourparlers.

La date de cette visite n'est pas tout à fait innocente. Deux jours plus tôt, le Secrétaire général de l'ONU Kofi Annan nomme un nouveau responsable du dossier taliban. Il s'appelle Fransesc Vendrell et reçoit le titre de représentant spécial du Secrétaire général pour l'Afghanistan[2]. Désormais, il centralise toutes les discussions informelles avec les taliban, visant à obtenir qu'Ossama Bin Laden soit déféré devant la justice. Dans les arcanes du pouvoir onusien, on assiste à une montée en puissance des activités du groupe 6+2. À la Maison Blanche, on décide d'encourager la bonne volonté qui semble enfin s'imposer. 114 millions de dollars d'aide humanitaire sont débloqués en faveur de l'Afghanistan et versés à des structures locales sous contrôle des taliban et de l'ONU[3].

À partir de cet instant, pour la première fois

1. Archives de l'ambassade des États-Unis à Islamabad.
2. Archives des Nations Unies, 17 janvier 2000.
3. Pour 2001, le montant des aides accordées à l'Afghanistan est en augmentation. Il atteint près de 124 millions de dollars. Chiffres communiqués lors d'une conférence du Secrétaire d'État Colin Powell, le 17 mai 2001. Depuis juillet 1998, l'Union européenne a suspendu toutes les aides au gouvernement afghan pour protester contre la nature de son régime.

depuis août 1998, l'optimisme prévaut. Vendrell fait la navette entre Kaboul et New York, et durant l'été, pour la première fois des réunions du groupe 6+2 se déroulent à Washington. Mieux : les participants envisagent de favoriser un gouvernement réformé à Kaboul, dans lequel cohabiteraient taliban et chefs de l'Alliance du Nord. Les progrès sont tels que Vendrell invite les deux parties ennemies à participer très directement à ces discussions. Un rapport de Kofi Annan, le Secrétaire général de l'ONU, daté du 17 août 2001, démontre que depuis l'année 2000 les membres du « 6+2 » ne cessent de négocier avec les taliban[1]. Tous les membres du Conseil de Sécurité les encouragent, Français et Britanniques compris.

De son côté, le Département d'État, soucieux de ne pas perdre la main, décide de reprendre des négociations bilatérales avec Kaboul. Le mercredi 27 septembre 2000, on constate à quel point un réchauffement des relations satisfait tout le monde. Ce jour-là, à Washington, dans les locaux du Middle East Institute, on assiste ni plus ni moins qu'à une conférence de l'adjoint du ministre des Affaires étrangères des taliban, Abdur Rahmin Zahid[2]. Au cours de cette intervention, celui-ci réclame que les Nations Unies reconnaissent la légitimité de son gouvernement ; dans l'assistance,

1. Rapport du Secrétaire général au Conseil de Sécurité. Document ONU n° A/55/1028-S/2001/789 et intitulé « The Situation in Afghanistan and its implications for international peace and security ».
2. United Press International, 27 septembre 2000

personne ne s'émeut de ce lobbying au grand jour. Pour satisfaire tout le monde, le dirigeant afghan transmet à ses interlocuteurs des positions très encourageantes sur Bin Laden. Il affirme que les autorités religieuses de son pays ont créé une commission d'enquête spéciale afin d'examiner la responsabilité d'Ossama Bin Laden dans les attentats et en vue de prononcer une éventuelle mesure d'extradition. Sur ce point, le coordinateur de la lutte antiterroriste à la Maison Blanche, Michael Sheehan, rencontre même un membre de la délégation taliban, Abdul Hakim Mudjahid.

Un mois plus tard, le 18 octobre 2000, le Département d'État reconnaît l'existence des travaux du groupe 6+2, ainsi que la poursuite de négociations avec les taliban au nom de la pacification de l'Afghanistan[1]. Près de deux semaines plus tard, on semble sur le point d'aboutir. Fransesc Vendrell annonce que, pour la première fois, les deux factions qui s'affrontent en Afghanistan, les taliban et l'Alliance du Nord, ont étudié ensemble un processus de paix, sous l'égide du groupe 6+2[2]. La stabilisation du pays, chère aux Occidentaux, est plus

1. Cette reconnaissance s'effectue par la voix de Thomas Pickering, sous-secrétaire d'État pour les Affaires politiques, lors d'un déplacement à Moscou. À cette occasion, au cours d'une conférence de presse donnée le 18 octobre à la Maison Spaso de Moscou, il détaille le contenu de ses discussions avec Vyacheslav Trubnikov, adjoint du ministre russe des Affaires étrangères, au sujet des travaux menés dans le groupe 6+2.
2. Communiqué du Conseil de Sécurité des Nations Unies, 3 novembre 2000. Le document du Secrétaire général de l'ONU du 17 août 2001 parle d'un texte de négociation rédigé le 2 novembre 2000.

que jamais d'actualité. C'est sûr, Ossama Bin
Laden sera chassé de son sanctuaire sous peu.

Au cœur de cet automne-là, pourtant, ces nouvelles *a priori* réconfortantes laissent tout un chacun indifférent. Aux États-Unis, l'élection présidentielle mobilise toute la classe politique. Comme
à chaque fois, les dernières semaines de campagne
donnent lieu à un déchaînement des deux camps.
Les deux partis et leurs hérauts mobilisent à eux
seuls toute l'attention des médias. Les ultimes son-
dages peinent à les départager, renforçant l'âpreté
de la lutte.

Fin novembre, coup de théâtre, une fois tous les
votes comptabilisés, l'incertitude demeure. Plusieurs semaines seront nécessaires pour départager les deux hommes et proclamer dans la douleur
la victoire du gouverneur du Texas, George
W. Bush. Une fois ce tumulte passé, pour on ne
sait quelle raison, quand on examine de nouveau
les affaires afghanes, celles-ci ont radicalement
changé de nature. En moins d'un mois, l'équilibre
diplomatique entre les taliban et les Occidentaux
s'est rompu. Plus question de négociations, de discussions sous la houlette du groupe 6+2. De part
et d'autre, les propos sont violents et drapés de
méfiance, parfois de colère. Le 12 décembre 2000,
Michael Sheehan met à l'index ses interlocuteurs
taliban. Devant le Comité des affaires judiciaires
de la Chambre des représentants, il les condamne
en des termes très sévères, les accuse de soutenir
le terrorisme et en appelle à la communauté internationale pour prononcer de nouvelles sanctions

contre Kaboul. Le 19 décembre c'est chose faite. Le Conseil de Sécurité de l'ONU vote un renforcement des sanctions économiques contre les taliban et un gel d'une partie de leurs avoirs financiers. Ce vote représente l'une des dernières décisions de nature diplomatique prises par l'administration Clinton.

Pourquoi? Quel événement peut expliquer ce revirement radical? Pourquoi soudainement les taliban ne semblent-ils plus disposés à discuter avec ces interlocuteurs-là? Lesquels grondent et tempêtent. À ce jour, ces questions demeurent sans réponse. En revanche, quel que soit le motif de ce retournement, il sera de courte durée. Aussitôt après l'investiture de George W. Bush, changement de ton.

6

*Chronique d'une négociation interdite
(5 février 2001, 2 août 2001)*

Nous sommes au commencement de l'année 2001, et voilà donc dans quel environnement intervient Laila Helms, l'experte en relations publiques des taliban. Au lendemain de l'étrange déclaration faite au quotidien *The Times*, le 5 février 2001, qui invite la nouvelle administration à reprendre le fil des négociations, elle prend en charge la visite aux États-Unis de l'ambassadeur itinérant Sayed Rahmatullah Hashimi, représentant le mollah Omar. Pourquoi tant de changements de cap en si peu de temps — en l'espace de trois mois tout au plus ?

Bien évidemment, le nombre — démesuré — de responsables de la nouvelle administration Bush issus du secteur de l'industrie énergétique pose question. Tous mesurent parfaitement les enjeux économiques liés à une stabilisation de l'Asie centrale, et aucun d'entre eux n'a oublié les projets de gazoduc développés naguère en Afghanistan. Car, après tout, les compagnies pétrolières et gazières du Texas ne forment-elles pas le groupe des premiers contributeurs de la campagne de Bush junior[1]? Une fois aux affaires, la nouvelle équipe s'en souviendra, en décidant par exemple d'ouvrir à la prospection pétrolière les réserves naturelles d'Alaska (le 29 mars 2001) et en rejetant le protocole de Kyoto sur les émissions polluantes, qui déplaît tant au secteur énergétique. Le curriculum vitae des nouveaux responsables qui servent W. Bush vaut toutes les explications.

Le vice-président Dick Cheney lui-même a longtemps dirigé Halliburton, leader mondial des prestataires de service de l'industrie pétrolière, qu'il a quitté au moment de la campagne présidentielle. Condoleeza Rice, directrice du Conseil national de sécurité, l'organe suprême de sûreté qui chapeaute toutes les agences de renseignement, a passé neuf ans chez Chevron. Au sein de ce géant du pétrole, elle a assumé des fonctions de directrice de 1991 à 2000. Elle intervenait régulièrement sur les dossiers portant sur l'Asie centrale — en particulier le Kazakhstan où Chevron est très implanté —, en sa qualité d'ex-soviétologue accomplie (elle collaborait autrefois aux travaux du Conseil national de sécurité, sous Bush père). Donald Evans, secrétaire au Commerce et ami intime de W. Bush, a accompli l'essentiel de sa carrière dans le secteur pétrolier, en tant que président de Tom Brown, de même que Spencer Abra-

---

1. Le Parti démocrate estime que 3 millions de dollars ont été directement ou indirectement apportés par des industriels du pétrole ou du gaz au Parti républicain, à la lumière des déclarations faites à l'administration.

ham, secrétaire à l'Énergie. Quant à Kathleen Cooper, sous-secrétaire au Commerce en charge des affaires économiques, elle était la chef économiste du géant mondial Exxon[1].

À l'intérieur des cabinets ministériels, à des niveaux subalternes, on retrouve semblables pedigrees. Ce personnel politique particulièrement marqué se montre donc soucieux d'adopter une politique énergétique conquérante. Dès le 29 janvier, quatre jours après l'investiture de George W. Bush, le vice-président Dick Cheney organise une structure informelle à cet effet, la Energy Policy Task Force. Ses activités n'ont cessé d'intriguer parlementaires et journalistes politiques chargés de suivre les premiers 100 jours de l'administration républicaine[2]. Le 16 mai 2001, le vice-président Dick Cheney a juste consenti à diffuser un sommaire du programme énergétique arrêté par cette équipe, et simplement présenté sous forme d'objectifs généraux. Le développement de nouveaux partenariats en Asie y figure au nombre des priorités. Sans plus de détails. Piqué au vif par cette opacité, le 10 septembre 2001, l'office chargé de l'information[3] du Congrès a adressé une requête à la Maison Blanche dans des termes plutôt stricts, afin qu'elle publie les détails de son

1. Dont les produits pétroliers sont vendus sous la marque Esso en France.
2. Voir en particulier l'article du *Washington Post* du 4 avril 2001, titré « Something of a secret society », présentant le fonctionnement de l'Energy Policy Task Force.
3. Le General Accounting Office publie des rapports et mène des investigations pour le compte des diverses commissions du Congrès.

programme déterminé par l'Energy Policy Task Force, et surtout la liste des personnalités qui avaient participé à ce programme. Le contrôleur général de cet office, David Walker, a même envisagé d'engager des poursuites judiciaires pour parvenir à ses fins.

Nul ne sait quelle influence ont exercée ces considérations pétrolières dans la gestion du dossier afghan. Cependant les professionnels du secteur n'ont eu qu'à se féliciter de la promptitude de la Maison Blanche à vouloir parler avec les taliban. Pour tout ce secteur qui en janvier 2001 a recouvré une place de choix à Washington, l'Asie centrale ne saurait être reléguée au rang de ces pays du tiers-monde dont les convulsions n'intéressent plus que les revendeurs de stocks militaires. D'autant que la donne a changé : Moscou et Pékin multiplient les accords pour bâtir des pipelines qui pourraient gérer en exclusivité le transport des réserves d'Asie centrale ; et surtout, depuis cet été, le pipeline russe par lequel peut transiter le pétrole de la Caspienne entre en fonction ; alors que son concurrent sur ce tracé de l'Ouest, le pipeline américain, débouchant à Ceyhan en Turquie, reste au stade de projet. À ce rythme, sous peu, les champs pétroliers et gaziers du Kazakhstan, du Turkménistan et de l'Ouzbékistan qui appartiennent à des compagnies américaines, seront tous reliés à des oléoducs et des gazoducs sous contrôle chinois ou russe [1].

1. Voir sur ce point le rapport du centre d'étude Stratfor, juillet 2001.

Tandis que les Nations Unies ont vertement sanctionné Kaboul le 19 décembre, que plus personne n'est dupe du langage de ses chefs, que le responsable de la lutte antiterroriste du président Clinton est parvenu à la conclusion que les étudiants en religion soutiendraient longtemps encore les terroristes, encore et toujours, le pouvoir en place décide donc de négocier avec les taliban. Sur la côte Est des États-Unis, Laila Helms a pour mission de présenter les dirigeants afghans sous leur jour le moins négatif, dans la mesure du possible. À la Maison Blanche et au Département d'État on s'occupe du reste.

Dans les chancelleries européennes, les diplomates tentent de suivre la partie qui s'engage. On murmure que des contacts informels sont pris avec l'entourage de Qazi Hussein Ahmad, le chef intégriste de la Jamaa i-Islamiya, qui a regroupé ses forces avec celles d'Ossama Bin Laden dans la vallée de Khost. Au Département d'État, ces pourparlers à haut risque avec les taliban sont confiés à la directrice du bureau des Affaires asiatiques, Christina Rocca. C'est une ancienne fonctionnaire de la CIA, où elle s'occupait déjà de cette région du monde entre 1982 et 1997, en sa qualité d'agent rattaché à la Direction des opérations du service de renseignement. Dans cette branche, elle a coordonné durant plusieurs années les relations de la CIA avec les guérillas islamistes et, à ce titre, a supervisé une partie des livraisons de missiles Stinger aux moudjahidine afghans. À compter de mai 2001, celle qui fut une employée de l'ombre de l'exécutif américain rouvre ses dossiers, reprend ses contacts avec ses interlocuteurs, mais en évoluant maintenant dans l'univers un tantinet moins opaque de la diplomatie.

Invitée à s'exprimer devant les membres du Sénat qui doivent avaliser sa nomination, le 17 mai, elle ne cache pas les intentions de la nouvelle administration de rétablir la paix en Afghanistan [1]. Mais pour y parvenir, il devient impératif d'établir un canal de discussion avec Kaboul.

Les relations nouées naguère par l'ONU dans le cadre des travaux du groupe 6+2 reprennent un grand intérêt sitôt l'administration Bush au travail. Officiellement, on prétend soutenir ce groupe pour des raisons humanitaires. C'est ainsi qu'au nom de ce motif, dès le 12 février 2001, l'ambassadeur américain auprès des Nations Unies, Nancy Soderberg, affirme qu'à la demande de Fransesc Vendrell les États-Unis chercheront à développer un « *dialogue continu* » avec les taliban [2]. Ils y parviendront, et Vendrell se chargera de l'intendance. À ce titre, entre le 19 avril et le 17 août 2001, celui-ci se rend à quatre reprises à Kaboul et à Kandahar pour discuter avec les taliban — selon le rapport du Secrétaire général de l'ONU cité plus haut.

1. Audition devant le Senate Foreign Relations Committee présidé par le sénateur Sam Brownback, 17 mai 2001.
2. Communiqué de la Mission des États-Unis auprès des Nations Unies du 12 février 2001. Ms. Nancy Soderberg : « We were asked by Mr. Vendrell to try and find a way to have a continuing dialogue on humanitarian issues with the taliban. »

Pour plus de discrétion, les réunions se déroulent
à Berlin et rassemblent les représentants des pays
qui composaient déjà le 6+2 ; seule différence,
désormais, les personnes physiques qui se retrouvent pour discuter ne possèdent pas de fonctions
officielles dans leurs pays respectifs, afin de ne pas
compromettre leur gouvernement. Côté américain,
Tom Simons, l'ancien ambassadeur à Islamabad
sous l'administration Clinton, transmet les messages
du Département d'État. Selon le représentant des
intérêts pakistanais[1], trois rendez-vous au moins se
tiennent en Allemagne, sous l'autorité de Fransesc
Vendrell. Elles visent toutes à amener les taliban à
signer un armistice avec l'Alliance du Nord, à composer un gouvernement d'union nationale, et à
obtenir l'extradition d'Ossama Bin Laden.

Chacun souhaite que les fous de Dieu restituent
aimablement une partie de leur pouvoir, et sous-
crivent aux priorités des États-Unis. Mais l'affaire
tourne court. Le 17 juillet, encore à Berlin, une
troisième réunion secrète doit se dérouler. L'avant-
veille, le 15, l'hebdomadaire *Focus* a révélé qu'une
rencontre se produira sous peu dans la capitale
allemande entre le ministre des Affaires étrangères
taliban et son homologue de l'Alliance du Nord,
Abdullah Abdullah. Mais le représentant taliban
ne vient pas. En réalité, depuis une réunion hou-
leuse organisée le 15 mai à Bruxelles, il refuse de
siéger dans une assemblée — même informelle —

---

1. Témoignage de Naiz Naik, ancien ministre des Affaires étrangères pakistanais, recueilli par Pierre Abramovici dans le cadre de
l'émission « Pièces à conviction » pour France 3.

composée sous l'égide de ce Conseil de Sécurité des Nations Unies qui impose des sanctions à son pays [1].

Au cours de ces dernières discussions à Berlin, selon le représentant pakistanais Naiz Naik, la petite délégation américaine évoque une « option militaire » contre les taliban s'ils ne consentent pas à changer de position. Principalement au sujet d'Ossama Bin Laden. Tom Simons, le représentant des États-Unis, dément que des propos aussi clairs aient été tenus à ce sujet. Mystère. D'autres pays gardent un œil sur cette évolution. Le 1er juin une réunion secrète aux allures sécuritaires s'est déjà tenue à Washington au sujet de l'Afghanistan. Elle a rassemblé le Conseil national de Sécurité de Condoleeza Rice, Christina Rocca, Francesc Vendrell et des observateurs britanniques [2]. Le 17 juillet un énième point de non-retour est franchi. Dans un communiqué lapidaire, le ministre français des Affaires étrangères reconnaît l'échec de la dernière rencontre, sans autre forme d'explication. Au lendemain du 11 septembre 2001, ce communiqué prend pourtant une saveur toute particulière : « M. Hubert Védrine a reçu ce matin M. Fransesc Vendrell, représentant personnel du Secrétaire général des Nations Unies et chef de la Mission spéciale en Afghanistan. M. Vendrell lui a fait part du blocage de la situation politique. Les

1. L'ensemble de ces réunions et leur contenu sont confirmés par le rapport du Secrétaire général du 17 août 2001.
2. Rapport du Secrétaire général de l'ONU du 17 août 2001, voir plus haut.

deux responsables ont exploré ensemble les pistes qui permettraient à terme une évolution favorable, en particulier l'encouragement que la communauté internationale pourrait apporter aux efforts du roi pour réunir autour de lui les représentants de la société afghane [1]. »

Quel roi ? Naturellement, à cet instant personne, ou si peu, n'y comprend rien. Les événements qui suivront nous apprendront qu'il s'agit de l'ex-roi d'Afghanistan Sahir Shah, sollicité donc depuis plusieurs mois pour prendre la place des taliban à Kaboul, et, éventuellement, les inclure dans son gouvernement d'union nationale. En réalité, dès le 16 mai 2001, Fransesc Vendrell discutait à Rome avec le roi Sahir Shah et examinait les conditions de son retour à Kaboul [2].

Ainsi, au même moment, en juillet 2001, les étudiants en religion reçoivent deux messages de l'Occident :
— une option est à l'étude contre eux afin de capturer Ossama Bin Laden,
— des discussions sont engagées avec l'ancien roi pour qu'il reprenne le pouvoir à Kaboul.
Tout concourt à démontrer que les Occidentaux désavouent les taliban. On parle déjà de leurs successeurs. Pense-t-on qu'ils sont frappés d'aveuglement ? Peut-être. À Islamabad, le 2 août, l'infa-

1. Communiqué du porte-parole du ministre des Affaires étrangères, le 17 juillet 2001.
2. Rapport du Secrétaire général de l'ONU du 17 août 2001.

tigable Christina Rocca discute avec l'ambassadeur des taliban et exige l'extradition de Bin Laden. Ultime bravade?

Pourtant, depuis 1999, les revirements du chef Mohammed Omar et sa politique obscurantiste ont démontré qu'il ne s'apprêtait pas vraiment à enfiler des habits de démocrate, et à renoncer à soutenir son allié et son frère de religion Ossama Bin Laden. D'ailleurs, de ces deux hommes, personne n'a jamais réellement su lequel exerçait la plus grande autorité sur l'autre. Le chef intégriste millionnaire qui a sillonné le monde arabe, rassemblé les dirigeants extrémistes et a été éduqué dans l'une des plus grandes familles saoudiennes, ou le paysan d'origine pachtoune, éduqué par des moudjahidine dans des montagnes reculées, adepte d'un islam radical, capable d'entraîner ses compagnons d'armes?

Nul ne le sait, même si, depuis le 11 septembre 2001, chacun regrette de ne pas s'être interrogé plus tôt.

II

L'Arabie Saoudite,
royaume de tous les dangers

7

Entre pétrole et Coran

L'histoire du royaume d'Arabie Saoudite, c'est la version orientale de l'alliance du sabre et du goupillon. Depuis toujours, la religion joue dans cette péninsule bordée par la mer Rouge à l'ouest et le golfe Persique à l'est un rôle prépondérant.

La Mecque, ville carrefour, an 569 : c'est là que naît Mahomet, fils d'Abdallah et d'Amina, de la tribu des Quraych. D'abord berger puis commerçant, c'est à 40 ans, alors qu'il se trouve sur la montagne de la Lumière où il aime aller méditer, qu'il a la révélation de l'ange Gabriel qui lui annonce qu'il a été choisi comme *rasoul* — comme envoyé — par Dieu. L'ange va lui dicter au fur et à mesure — la révélation va prendre vingt-trois ans — les paroles du Coran, qu'il portera aux hommes. Et c'est en 630 que la population de La Mecque se convertit à l'islam, tandis que le prophète meurt peu après, en 632.

Mais le berceau du monde musulman ne va pas pour autant devenir le phare d'une nouvelle civilisation. La Mecque [1], qui est certes le lieu de pèlerinage où doit se rendre tout bon croyant, peut difficilement rivaliser avec l'émirat de Cordoue, qui brille sur le monde arabo-islamique, un temps étendu des Pyrénées jusqu'aux Indes.

La terre du prophète, aride, semble, elle, abandonnée de Dieu : en grande partie désertique, elle se compose d'une succession de plaines sablonneuses et d'un plateau à presque 1 000 mètres d'altitude, où un hiver froid et pluvieux succède à un été très sec et suffocant, flanqué au nord et au sud de déserts peu accueillants.

D'ailleurs, à de multiples reprises, la sécheresse poussera les populations nomades à quitter ces terres pour migrer vers le nord en Irak et en Syrie, et vers l'ouest en Égypte et en Afrique du Nord. Pendant plus de dix siècles, ces territoires hostiles à l'homme où vivent de rares tribus de bergers nomades passeront de main en main avant de tomber au XVIᵉ siècle sous la coupe de l'Empire ottoman, à l'exception de la région du Nejd, le plateau d'Arabie centrale.

C'est au cœur du Nejd justement que va naître le futur royaume d'Arabie, berceau des lieux saints de l'islam. Vers 1745, Muhammad bin Abd al-Wahhab, prédicateur qui vient d'être chassé de son

---

1. Aux VIᵉ et VIIᵉ siècles, La Mecque est un centre culturel et commercial important. Le sanctuaire Al Kaaba (la « Maison sacrée d'Allah », initialement édifiée par Adam) est un lieu de pèlerinage très fréquenté. De 632 à 634, la région subit le règne des califes. En 660, les Omeyyades transfèrent le centre du pouvoir à Damas (Syrie).

oasis natale à cause de ses idées radicales sur l'interprétation du Coran, en rupture avec le laxisme dont selon lui les fidèles font preuve dans leur pratique religieuse, se réfugie à Dir'iyyah, une oasis dirigée par les Saud. Le chef de la tribu, Muhammad bin Saud, adopte les idées du religieux qui prêche une foi rigoriste et une interprétation littérale de la *charia*. Poésie, musique, tabac, port de bijoux et tout ce qui est considéré comme nouveauté, sont expressément proscrits. C'est la naissance du wahhabisme, courant réformiste implacable dont le concept central est l'unicité de Dieu, seule entité que les fidèles doivent adorer. Il en découle le rejet de tout culte à l'égard d'esprits intercesseurs ou de saints. Et toute violation de la lettre du Coran doit entraîner un châtiment sévère et sans pitié [1].

Wahhab le religieux et Saud le guerrier — qui va donner son nom au pays — vont donc s'allier dans un pacte sacré afin de répandre la cause et ramener les fidèles sur le chemin de Dieu. La foi et le pouvoir se trouvent dès le début intimement liés. Et pour imposer leur conception du Coran, le sabre va être brandi haut, très haut. Les premières démonstrations de force seront des attaques contre les symboles honnis : des arbres, des cimetières, des dômes auxquels les habitants de la région attribuent des vertus magiques sont détruits. Les femmes adultères sont lapidées tan-

1. Wahhab s'attaque aussi aux philosophes, aux soufis et aux chiites (en désaccord avec l'ordre des califes qui ont succédé à Mahomet).

dis que les voleurs ont la main tranchée. Les cinq prières de la journée doivent être scrupuleusement accomplies.

Muhammad bin Saud va entraîner ses guerriers à la conquête de l'Arabie. Le domaine des Saud va s'élargir progressivement. Mais il faudra quarante ans pour unifier l'immense région du Nejd. L'influence saoudite s'étend ensuite rapidement en territoire chiite, jusqu'au cœur de l'Oman et du Qatar, même si le Koweït et Bahreïn résistent. Le petit-fils de Muhammad, Saud, dit al-Kabir le Grand, fait tomber le Yémen, le désert de Syrie et l'Irak méridional. En 1801, les forces saoudiennes mettent à sac la ville sainte chiite de Kerbala, en Irak. Ce n'est qu'au début du XIXᵉ siècle que l'Empire ottoman commence à réagir à cette amputation de son territoire. En 1811, la Turquie envoie 8 000 soldats. L'affrontement durera sept ans et s'achèvera par la destruction de Dir'iyyah, capitale des Saud. Abdallah, descendant du fondateur de la dynastie Saud, est livré à la Sublime Porte et exécuté à Constantinople.

Ce n'en est pas pour autant fini de l'État saoudien, qui renaît de ses cendres en 1824 à Riyad, nouvelle capitale du petit État surveillé de près par Istanbul, qui fait tout pour brider ses tentations expansionnistes. Les luttes de pouvoir internes apaiseront les craintes, et l'État saoudien se délitera de lui-même pour finalement disparaître en 1880, Riyad étant rattaché à la ville pro-ottomane de Hail, au nord-ouest. La région passe alors sous l'influence croisée de la Turquie et de la Grande-Bretagne.

À la disparition du deuxième État saoudien, c'est encore un descendant de Muhammad bin Saud qui était au pouvoir. Car la chefferie tribale des Saud est devenue dès les premières conquêtes une affaire de famille. Plus exactement l'affaire de deux familles aux intérêts convergents. La religion reste l'affaire de Wahhab et de ses descendants qui s'assurent de l'obéissance des fidèles au pouvoir en place en le légitimant, tandis que le pouvoir politique est exercé par Saud et sa lignée qui font du wahhabisme la religion d'État. Pouvoir temporel et pouvoir spirituel vont ainsi de pair. Chacun y trouve son compte.

L'actuel royaume d'Arabie Saoudite est né à la faveur des bouleversements engendrés par la Première Guerre mondiale. Mais dès le début du XXe siècle, en 1902, le descendant de Muhammad bin Saud, Abd al-Aziz, en exil à Koweït, âgé d'à peine 20 ans, reprend par ruse avec un commando d'une cinquantaine d'hommes l'ancienne capitale, Riyad, et s'y installe comme héritier du pouvoir de ses ancêtres. Le jeune prince va alors faire vœu de reconquérir tous les territoires sur lesquels le drapeau de ses ancêtres avait naguère flotté, avec l'aide des Anglais et de Lawrence d'Arabie qui pousse les Arabes à la révolte contre les Turcs. En 1918, l'émirat redevient autonome dans la région du Nejd. En 1921 Abd al-Aziz défait la coalition tribale des Chammar, en 1924 La Mecque, la ville sainte, est prise. Les saoudo-wahhabites y détruisent les tombes des Hachémites,

descendants de Mahomet et rivaux des Saud pour
le contrôle du pouvoir religieux. En 1925, Médine
tombe à son tour. De 1923 à 1925 Abd al-Aziz
annexe le royaume chérifien du Hedjaz. Reconnu
sultan du Nejd, proclamé roi du Hedjaz, il constitue en 1927 le « royaume du Hedjaz, du Nejd et de
ses dépendances ».

La reconquête se fait rapidement. Trop peut-
être : en débordant sur les territoires de la Jordanie, de la Syrie, de l'Irak et du Yémen, les Saudiens
mettent en péril le fragile équilibre instauré par
les Britanniques qui gèrent les protectorats de la
région du Golfe. Abd al-Aziz entend l'avertissement et met un bémol à ses rêves de conquêtes, se
pliant aux frontières fixées par le Royaume-Uni.
Mais les Ikhwan wahhabites, une frange de Bédouins fraîchement sédentarisés, veulent continuer de répandre la foi et entrent en dissidence
contre le roi. La bataille de Sibila opposant Abd al-
Aziz aux Ikhwan sonnera la défaite des expansionnistes.

En septembre 1932, le royaume d'Arabie Saoudite, unifiant les royaumes du Nejd et du Hedjaz,
est créé. Ses frontières définitives seront fixées en
1934. Treize provinces constituent ce qui ne
semble être qu'un océan de sable, charnière entre
l'Afrique et l'Asie, et qui couvre une superficie
égale à quatre fois celle de la France, occupant la
quasi-intégralité de la péninsule arabique. Sans
constitution écrite, le royaume qui se met en place
est régi par le Coran. Abd al-Aziz, géant de près de
deux mètres, en est le monarque absolu. Celui qui,

pour reconquérir le territoire de ses aïeuls, fit
preuve d'une grande ruse et d'une totale maîtrise
de la guerre du désert, mais sut aussi se montrer
pragmatique, n'est pas du genre à partager le pouvoir. Il n'existe pas de gouvernement, encore
moins de partis politiques. Autoritaire, le roi ne
conçoit de gouvernement que personnel. La
Grande-Bretagne, qui se souvient qu'en 1915 Abd
al-Aziz s'était rangé dans son camp, laisse faire. S'il
encourage la sédentarisation des Bédouins et fait
construire un début de réseau routier, le souverain
n'envisage pas pour autant de poser les bases d'un
État digne de ce nom. Et plutôt que d'engager sa
nation fraîchement constituée sur le chemin de la
modernisation, Abd al-Aziz préférera freiner des
évolutions qui pourraient effriter une société qui
se compose encore essentiellement de tribus de
bergers. Le territoire de Lawrence d'Arabie reste
encore un immense désert flanqué de quelques
petites bourgades hors du temps le long des côtes
plus hospitalières.

Même si Abd al-Aziz [1] est un parfait autocrate, les
oulémas, religieux aptes à interpréter la loi divine,
ont dès le début un poids important dans le nouveau régime. À commencer par les descendants
d'Abd al-Wahhab, qui restent les gardiens du
dogme. La religion est d'État. L'islam le plus sévère

---

1. Abd al-Aziz va régner vingt ans sur l'Arabie Saoudite, de 1932
à 1953. Quelques semaines avant sa mort, il instaure un conseil
des ministres. Mais ses enfants ont déjà un énorme poids dans l'appareil d'État.

est de rigueur. La pratique du pouvoir s'appuie sur un droit mêlant la *charia* et un droit coutumier. Les autres cultes sont tout simplement interdits dans le pays qui garde les lieux saints où chaque année des milliers — puis des centaines de milliers — de fidèles viennent en pèlerinage. Même si un nouveau sujet d'adoration surgira bientôt : le pétrole.

La première concession a été accordée avant même la création du pays, en 1923, à un groupe d'investissement britannique, le Eastern and General Syndicate, qui, ne sachant trop que faire de cette concession dans une région où l'on n'a pas encore trouvé un litre de pétrole, songe à revendre ses droits d'exploitation. Mais les sociétés pétrolières britanniques, hélas pour elles peu inspirées, déclinent l'offre et la concession devient caduque en 1928. Une erreur que l'Europe va payer de son influence sur la région. Peu de temps après, des compagnies anglaises et américaines découvrent du pétrole dans le golfe Persique. La Standard Oil Company of California [1] est alors la première à obtenir une concession pour prospecter l'or noir, d'abord à Bahreïn en 1932, puis en Arabie en juillet 1933. La concession d'origine, d'une durée de soixante ans, prévoyait en échange de la prospection et de l'exploitation du pétrole, une redevance annuelle de 5 000 livres sterling or jusqu'à la

---

1. La Standard Oil Company of California, première compagnie pétrolière créée, a été fondée en 1870 par John D. Rockefeller à Cleveland aux États-Unis.

découverte de l'or noir. Pour exploiter sa concession, la société américaine crée la California Arabian Standard Oil Company.

Les premiers gisements seront découverts en
mars 1938, à 1 441 mètres de profondeur, dans un
puits près de Damman, sur les bords du golfe Persique. En janvier 1944, la société change de nom
pour se rebaptiser Aramco, Arabian American Oil
Company. Outre la Standard Oil Company of California, la société compte désormais dans son capital Texaco et en 1946 elle va également s'ouvrir à
Standard Oil Company of New Jersey et Socony-
Vacuum [1].

Dès le début de l'exploitation du pétrole par
Aramco, le président de la compagnie était vir-
tuellement l'ambassadeur des États-Unis en Arabie
Saoudite. De plus, la société, si elle exploitait le
sous-sol, avait de fait un rôle d'aménagement du
pays puisqu'il fallait bien construire les routes et
les ports pour transporter ce pétrole qui com-
mençait à couler à flots, faire des forages d'eau
pour les ouvriers, construire des hôpitaux et des
bureaux, etc. L'emprise américaine est officiellement reconnue le 14 février 1945 lors des accords
de Quincy. La rencontre, à quelques mois de la fin
de la guerre, entre le président des États-Unis
Franklin D. Roosevelt et Abdul Aziz Bin Saud, sur

---

1. Aujourd'hui, la Standard Oil Company of California a été
rebaptisée Chevron, qui a fusionné avec Gulf, la Standard Oil
Company of New Jersey s'appelle Exxon et Socony-Vacuum a été
rebaptisée Mobil. Toutes ces sociétés font partie des « majors »
pétrolières.

le *Quincy* au large de Djeddah, marque en effet le
début du monopole accordé à l'Amérique pour
l'exploitation du pétrole saoudien. Les Britanniques ont définitivement raté le coche.

Bientôt les Américains vont installer une base
militaire à Dharan à quelques minutes de vol des
émirats du Golfe et devenir les partenaires privilé-
giés de l'Arabie Saoudite et de son roi, qui du fait
des royalties versées pour l'exploitation du pétrole
va rapidement devenir l'un des hommes les plus
riches de la planète. Les héros de la liberté, nouvelle puissance mondiale qui combat en Europe le
totalitarisme soviétique, viennent d'inventer, sous
le tropique du Cancer, la pétro-monarchie,
mélange d'absolutisme politique et religieux avec
l'étalon-mètre universel qu'est devenu le dollar.
Désormais la côte Est et le golfe Persique, avec
Damman où se trouve le port pétrolier et Dharan,
en attendant les hôtels d'Al Khobar, sont avec cette
nouvelle matière fossile liquide et malodorante le
pendant matérialiste de la côte Ouest symbole du
spiritualisme islamique avec les minarets de La
Mecque, de Médine et de Djeddah, là où selon la
légende se trouverait le tombeau d'Ève, tout
proche de la mer Rouge.

C'est à partir des années 50 et de l'essor extra-
ordinaire de l'utilisation du pétrole, que l'Arabie
Saoudite va devenir un véritable État qui a sa place
reconnue au sein de la communauté internationale. Grand, mince, avec une aura certaine, le roi
Faisal, l'un des 36 fils d'Abdul Aziz, a déjà de l'expérience lorsqu'il arrive sur le trône. Premier

ministre, ce qui ne revêt toutefois pas le même
sens que dans nos démocraties, il a déjà eu l'occasion d'être le régent du royaume pour pallier les
inconséquences de son frère Saud [1], monté sur le
trône à la mort de leur père.

Et avant même la création de l'Arabie, il avait
exercé la charge de ministre des Affaires étrangères, ce qui lui avait permis d'être très jeune associé à l'exercice du pouvoir. En novembre 1964,
Faisal va donc remplacer son frère malade, incom-
pétent, désavoué par la famille royale et déposé
sans ménagement. Faisal, nourri de la tradition tribale, va gouverner le pays comme un chef de tribu,
ne prenant conseil que d'un cercle très restreint
de ministres et de membres de sa famille, tous à
des postes de responsabilité. Mais il n'a pas répété
l'erreur fatale de son frère Saud qui n'avait pas
voulu partager le pouvoir.

Saud croyait pouvoir continuer d'agir en
monarque absolu qui ne fait pas la nuance entre
finances publiques et fortune personnelle [2]. Faisal,
quant à lui, prend bien soin de faire profiter sa
famille des prébendes du régime. Dans l'esprit de
ses membres, l'État saoudien et la famille Al Saud

---

1. Saud, intronisé roi en novembre 1953, surtout passionné de
voitures de sport, sera désavoué en novembre 1964.
2. Dans son ouvrage *Arabie Saoudite, la dictature protégée* (Albin
Michel, 1995), Jean-Michel Foulquier rapporte que lorsque l'ex-
pert syrien qui avait réalisé le budget du royaume demanda au roi
Abdul Aziz de mettre dans la colonne des recettes le produit des
exportations pétrolières, le roi répondit, outré : « Ce pétrole est à
moi. C'est ma propriété. Dis-moi seulement de combien tu as
besoin, je te le donnerai. ».

ne font qu'un. À tel point qu'ils lui ont donné leur nom, symbole s'il en est de la conception patrimoniale qu'ils ont du pouvoir et des richesses de l'Arabie. Profondément croyant, il applique et fait appliquer à la lettre la loi du Coran selon les préceptes stricts du wahhabisme. C'est néanmoins sous son règne que le royaume hybride et sans vraie cohérence d'Arabie Saoudite va devenir un État moderne un peu mieux structuré, plus dans sa façon de restaurer la stature du royaume face aux autres États du Golfe, que grâce à un éventuel progressisme qui s'avérera inexistant.

Le Coran, la Sunna, Al Ijmaa et Al Ijtihad restent les quatre piliers [1] de la *charia*, loi coranique qui règne sur le pays qui a vu naître le prophète. La religion est partout en Arabie Saoudite, où la vie est rythmée par les cinq prières quotidiennes. À ce moment, tout bon croyant se doit de s'agenouiller et de prier, tourné vers La Mecque. L'évolution rapide du pays, qui va passer du pastoralisme à une mono-industrie, ne va en rien réduire la place de la religion, omniprésente.

Le royaume d'Arabie Saoudite reste le pays phare de l'Islam. D'ailleurs le pèlerinage de La Mecque que doit faire une fois dans sa vie tout musulman digne de ce nom reste un moment fondamental de la vie du royaume. Près de 2 millions

---

1. La Sunna : répertoire des propos du prophète Mahomet et de ses décisions prises pour interpréter les versets du Coran. Al Ijmaa : la position des oulémas en cas de nécessité d'exégèse. Al Ijtihad : la consultation de juristes sur des cas très particuliers.

de fidèles, dont un quart de Saoudiens, se pressent chaque année autour de la pierre noire donnée à Abraham par l'archange Gabriel, pour venir accomplir, quatorze siècles plus tard, les mêmes gestes que Mahomet [1]. Tout le monde est mobilisé lors du pèlerinage, où les autorités saoudiennes se trouvent souvent débordées mais dont elles tirent également l'un des motifs du rayonnement de leur pays dans le monde islamique. Les Saoudiens profitent d'ailleurs du pèlerinage pour prendre des contacts avec les dirigeants islamiques présents. Et chaque année, du fait de la modernisation des moyens de transport, la foule est de plus en plus nombreuse à venir s'amasser dans la ville sainte.

Dans les années 80, le pouvoir saoudien a d'ailleurs imposé des quotas pour que chaque pays musulman puisse envoyer des fidèles. Au-delà de cette explication officielle, c'est aussi une façon pour la monarchie de tenter de prévenir la présence d'extrémistes religieux venus d'Égypte ou d'Iran qui pourraient se servir du pèlerinage pour dénoncer les ennemis de l'islam, comme le firent des pèlerins en 1987. Des chiites iraniens ont dénoncé le « Grand Satan » américain ainsi que l'Occident et Israël. L'affrontement entre la police

---

1. Le croyant doit se rendre à La Mecque dans un esprit de repentir et pour que ce voyage traduise un renouvellement intérieur, une sorte de purification spirituelle. Le pèlerin doit notamment faire 7 fois le tour de la pierre noire où l'on compte jusqu'à 100 000 personnes au même moment, puis parcourir 7 fois à vive allure le trajet entre les monts Safâ et Marwa, monticules situés dans l'enceinte sacrée de la grande mosquée.

saoudienne et les pèlerins a fini dans un bain de sang, avec la mort de plusieurs centaines de personnes.

Ce dérapage a fait désordre dans un pays où le drapeau proclame : «Il n'y a de Dieu que Dieu, Mohammed est le prophète de Dieu.» D'ailleurs pour assurer un efficace prosélytisme dans ce pays considéré comme une mosquée, ce qui justifie juridiquement pour les autorités l'interdiction d'autres religions, les oulémas et les imams ont créé la «Commanderie pour la répression du vice et la propagation du bien». Cela n'est rien d'autre qu'une milice chargée de faire la police religieuse auprès des quelque 18 millions d'habitants officiellement recensés. 4 à 5 000 *mouttawan'ine*, depuis quelques années rétribués par l'État, sont ainsi chargés de faire respecter, badine à la main, la *charia*, faisant la chasse aux tenues trop occidentales des femmes, traquant ceux qui auraient le malheur de consommer, même à leur domicile, de l'alcool, strictement prohibé dans le pays, et traquant la mixité dans les lieux publics.

Ces zélés nervis de l'islam, avec à leur tête un religieux qui a rang de ministre, participent à semer l'effroi auprès de la population, créant un climat permanent de paranoïa et de méfiance. Au fur et à mesure du développement du pays grâce au pétrole, et à l'utilisation de la technologie, le paradoxe est donc devenu considérable entre le wahhabisme qui ne supporte que la tradition, et les contraintes de la vie moderne, même dans un pays doté d'une religion d'État.

Si la famille régnante est présente dans tous les rouages du régime — postes ministériels, haute administration, conseils d'administration des grandes sociétés, etc. — elle a en revanche, depuis le pacte conclu en 1745, délégué tout le magistère moral aux descendants de Mohammed bin Abd al-Wahhab, créant un système quasi bicéphale à la tête du royaume. Jusqu'à sa mort en 1999, le grand mufti Abdel Aziz bin Baz était ainsi l'un des personnages clés du royaume aux côtés du roi Fahd. Laissant les religieux à leur prosélytisme, les membres de la famille royale ont préféré faire fructifier les milliards de dollars issus de l'or noir exploité par les Américains. Car la société Aramco contrôle plus de 95 % du pétrole sorti des puits saoudiens. Et la production ne cesse de croître : de 547 000 barils par jour en 1950, la production frisera le million de barils par jour en 1980[1]. Le pétrole représente plus de 75 % des revenus du pays, qui atteignent des chiffres vertigineux. De 56 millions de dollars en 1950, les rentrées dues au pétrole passent à 1,2 milliard en 1970, pour exploser après le premier choc pétrolier et atteindre le montant astronomique de 102 milliards de dollars en 1980 ! De leur côté, les compagnies pétrolières qui se répartissent le gâteau au travers de la société Aramco[2] réalisent des béné-

1. En 1946, l'Arabie produisait 8 millions de tonnes de pétrole par an. En 1994, la production annuelle frisera les 390 millions de tonnes de brut.
2. Le capital est initialement détenu à 30 % par Socal (future Chevron), 30 % Texaco, 30 % Esso et 10 % Mobil.

fices ahurissants du fait de la faiblesse des royalties qu'ils reversent. Tout le monde s'enrichit sans vergogne.

Tributaires des dollars américains, les émirs adoptent par prudence un profil bas en matière de politique extérieure au sein du monde musulman. Dans les années 60, méfiants à l'égard de l'Irak et de la Jordanie où règnent des Hachémites chassés autrefois du Hijaz par les Saud, les maîtres de l'Arabie Saoudite, même s'ils suivent les options du monde arabe, sont très en retrait dans le conflit israélo-arabe. Ils refusent notamment de participer aux opérations militaires de 1967 et 1973.

Toutefois le rôle de l'Arabie Saoudite dans l'embargo pétrolier de 1973 sera déterminant. De même que sa place au sein de l'OPEP, l'organisation des pays exportateurs de pétrole, créée à l'aube des années 60 [1]. En 1988, les Américains sortent définitivement de la société Aramco. Chevron, Texaco, Exxon et Mobil, qui avaient déjà laissé l'État saoudien rentrer à hauteur de 25 % du capital en 1972, puis de 60 % en 1974, revendent leurs dernières actions à l'Arabie Saoudite. La société, qui est devenue la première société pétrolière au monde, est rebaptisée Saudi Aramco. On pourrait croire que c'en est fini de l'impérialisme écono-

---

1. L'OPEP s'est fixé trois buts : augmenter les revenus des pays membres pour assurer leur développement, assurer la prise en charge progressive de la production nationale à la place des *majors* et unifier les politiques de production.

mique des États-Unis sur le golfe Persique. Pas vraiment.

Plusieurs des membres du conseil d'administration sont américains, de surcroît anciens hauts dirigeants des grandes *majors* d'outre-Atlantique. Ensuite parce que de nombreux Américains, notamment dans les postes d'encadrement, continuent de travailler dans cette entreprise qui est un État dans l'État et qui conserve des relations très privilégiées avec le continent nord-américain. Mais le lien de dépendance avec les États-Unis n'est certes plus aussi prévalent.

Pourtant le mal est déjà fait. Il y a depuis longtemps quelque chose de pourri au royaume des sables. Le pays n'a pas vécu sans dommages le passage du chameau du Bédouin à la rutilante Mercedes 600 de l'émir. Le royaume saoudien a été mis en coupe réglée par les membres de la famille régnante, où les jeux de pouvoir conditionnent les revenus tandis que les structures d'État servent trop souvent à assouvir leur bon plaisir. La dépendance économique à l'égard des grandes compagnies internationales a depuis longtemps entraîné des réactions nationalistes. En 1951, le Premier ministre d'Iran avait nationalisé les puits de pétrole, en 1961 c'est l'Irak qui récupère 99 % des surfaces concédées à la société Iraq Petroleum Company. Si ces mouvements de révolte ont été des échecs, notamment parce que les pays producteurs n'étaient pas capables d'assurer l'écoulement de la production sans l'aide des multinationales honnies, les *majors* comprirent cependant

que l'heure de l'arrogance financière et du monopole exclusif était dépassée.

Mais ce n'est vraiment qu'après le premier choc
pétrolier de 1973 que la crise qui couvait dans les
milieux traditionalistes va exploser. La déliques-
cence des mœurs et la modernisation ultra-rapide
de la société vont faire monter la pression tandis
que renaît le nationalisme arabe. L'un des principaux tournants se situe en novembre 1979, lorsque
plusieurs centaines de rebelles, dont beaucoup de
Saoudiens, menés par un fanatique islamiste, se
barricadent dans la Grande Mosquée de La
Mecque et appellent les fidèles à renverser la
dynastie Al Saud et à condamner toute compro-
mission avec les États occidentaux. Trois soldats
d'élite français du GIGN (qui se convertiront à l'islam avant d'intervenir dans les lieux saints réser-
vés aux fidèles), emmenés par un capitaine Paul
Barril sans pitié, contribueront à mater la révolte
pour le compte de la dynastie au pouvoir. Un
affrontement qui fera plusieurs centaines de
morts[1].

À l'issue de cette tragédie, le colonel Kadhafi
s'en prend au régime saoudien : « Comment les
prières qui montent de ces lieux saints ont-elles
encore une signification alors que l'islam vient
d'être humilié, les musulmans avilis et la maison
de Dieu occupée ? » fustige le dirigeant libyen. La
même année, l'Arabie Saoudite soutient discrètement l'Irak qui vient d'entrer en guerre contre

---

1 *Le Monde,* 23 août 1994.

l'Iran, où les mollahs ont pris le pouvoir dans le maelström de la révolution islamiste. Après huit ans de guerre, la région retrouve un peu de calme en 1987-88. Pas pour longtemps. En août 1990, l'Irak envahit le Koweït. L'Arabie Saoudite, voisine du petit État, tant du fait de son alliance avec les États-Unis que de sa solidarité avec les pétromonarchies, va participer au conflit et mettre son territoire et ses bases militaires à disposition de la coalition internationale montée par les États-Unis pour l'opération *Desert Storm*, Tempête du désert. L'Arabie va également régler l'addition des 55 milliards de dollars qu'aura coûté cette guerre menée au nom de la liberté, mais où le cours du baril de pétrole aura été le véritable enjeu.

La pérennité des pétromonarchies est sauve, mais les tensions au sein du monde arabe se sont accentuées. De nombreux musulmans ont été traumatisés de voir leur pays « colonisé » par les États-Unis, montrant au grand jour l'état de dépendance dans lequel se trouve l'Arabie Saoudite. Le débarquement de 500 000 soldats non musulmans est en contradiction totale avec les règles du wahhabisme, doctrine intransigeante. Le cheikh Bin Baz a dû à l'époque être appelé en renfort pour trouver une justification doctrinale à cette entorse flagrante aux règles de la *charia*. En 1991, fait impensable, une pétition signée par 700 prédicateurs a réclamé le retour à la pureté du wahhabisme, critiquant même le comportement du régime en place. Deux cheikhs parmi les plus virulents dans leurs prêches ont été emprisonnés par un régime de plus en plus sclérosé, qui doit faire face à cette nouvelle contestation. Les mesures d'assouplissement du régime, exigées par les Occidentaux en échange de leur soutien face à l'Irak, n'ont fait qu'accentuer la crispation des imams intransigeants, qui dénoncent de plus en plus ouvertement la trahison du bras séculier de l'islam, la famille royale, censée garantir les conditions d'exercice du wahhabisme sur le territoire. D'autant que rien ne va plus au sein du royaume : en 1993, les conséquences de l'effort de guerre se traduisent pour la première fois par d'importants déficits budgétaires. Le régime, l'un des plus riches au monde, doit même avoir recours à l'emprunt pour financer le développement économique !

En 1994, le budget sera même réduit de 20 %. Parallèlement, une enquête du *New York Times* fait apparaître qu'une partie du trou dans les finances budgétaires serait due aux prêts accordés aux membres de la famille royale, qui n'ont pas pensé une seconde à rembourser ces sommes...

La réaction du régime ne vient qu'en 1995, lorsque le 2 août le roi Fahd procède, pour la première fois depuis vingt ans, à un important remaniement ministériel qui concerne plus de la moitié des portefeuilles. Une bouffée d'oxygène face aux critiques, mais à la portée limitée. Si effectivement de nouvelles élites accèdent ainsi à de hautes fonctions, les postes clés restent encore et toujours détenus par des membres de la famille royale, pas forcément compétents. L'accident cérébral dont est victime le roi Fahd (qui a aujourd'hui, en 2001, 80 ans) et qui le contraint à laisser gérer le royaume par son demi-frère le prince Abdallah n'est pas pour arranger les choses. L'ambiance de fin de règne n'en est qu'accentuée.

Le 13 novembre 1995, l'attentat à la voiture piégée contre la mission américaine d'encadrement de la garde nationale à Riyad est le premier acte de terrorisme d'ampleur sur le sol saoudien. Un deuxième acte terroriste aura lieu le 25 juin 1996 après l'exécution des quatre islamistes auteurs du premier attentat [1]. Crispé sur ses prérogatives, pensant ainsi donner un gage aux islamistes, le gouvernement collaborera difficilement avec les Américains lors de l'enquête.

La famille royale continue son grand écart, toujours en situation de faiblesse à l'égard des États-Unis, mais traitant avec une relative bienveillance certains mouvements intégristes, dont les taliban, qui prônent une pratique de la religion proche de l'idéal wahhabite. Pourtant les intégristes ont depuis longtemps tranché face à l'ambiguïté du régime : plusieurs mouvements d'opposition se sont créés au milieu des années 90, comme le Mouvement pour la réforme islamique en Arabie fondé à Londres par Saad al-Faqih, ou encore le Comité pour le conseil et la réforme créé par Bin Laden,

---

1. L'attentat du 13 novembre 1995 a fait 6 morts, dont 5 Américains. L'attentat du 25 juin 1996, également avec un véhicule piégé cette fois-ci sur la base aérienne américaine de Khobar, fera 19 morts.

membre d'une des plus influentes familles du royaume.

Depuis les attentats de septembre, l'Arabie Saoudite s'est rangée une fois de plus derrière la bannière étoilée des États-Unis. Le prince Abdallah, partisan du retour à une certaine rigueur religieuse, et qu'on ne peut soupçonner d'une grande sympathie à l'égard des Américains, préserve ainsi ses intérêts et ceux de son pays dont les sous-sols renferment un quart des réserves mondiales de pétrole. Qu'en sera-t-il après le décès du roi Fahd ? C'est l'un des enjeux de l'avenir du Moyen-Orient.

8

*Les réseaux saoudiens
du fondamentalisme*

Trois clés permettent de comprendre le rôle de
l'Arabie Saoudite dans l'expansion d'une forme
radicale de l'islamisme : la religion, fer de lance
du prosélytisme entretenu par le royaume, le système bancaire, comme instrument des ambitions
religieuses du royaume et le pétrole, comme
arme de dissuasion contre l'Occident. Le conflit
afghan a été le catalyseur de ces différents intérêts qui ont permis de laisser le champ libre à
l'expression d'un islam radical et à ces milliers de
combattants venus prêter main-forte à la rébel-
lion.

Sur fond d'intérêts pétroliers et face à la montée du nationalisme arabe, puis plus tard pour
contrer la révolution iranienne, l'Arabie Saoudite
a apporté dès les années 70 son soutien aux mouvements islamistes sunnites.

La recherche d'une position d'influence centrale au sein du monde musulman comme dans
le monde arabe est, comme le note Richard
Labévière, une des préoccupations majeures du

pays[1]. Il lui faut donc occuper tout l'espace religieux pour conserver la paix et le monopole du champ politique. «Les piliers de l'aide aux mouvements islamistes furent d'une part l'organisation Rabitat ul-alem el-islami fondée en 1963, financée notamment par l'Aramco, et d'autre part les consortiums de banques islamiques, dont Faisal-Finance et Al-Baraka[2].» Selon l'analyse prédictive d'Alexandre Del Valle, le développement de l'islam radical allait rapidement s'étendre à l'Égypte avec l'arrivée au pouvoir «d'Anouar el-Sadate, lui-même ancien Frère musulman, qui entame les premières négociations avec les islamistes et les Saoudiens. Réfugiés en Arabie Saoudite pendant l'épopée nassérienne, les Frères musulmans égyptiens reviennent alors des pays du Golfe armés de pétrodollars qui leur serviront à renforcer leur influence dans la société égyptienne.

«C'est également dans les années 70 que le prix des hydrocarbures augmentera suite à la guerre d'octobre 1973, une hausse du cours du brut provoquée par les pays arabes producteurs de pétrole mais également par les sociétés pétrolières américaines. Cela aura pour conséquence l'enrichissement considérable des pays musulmans producteurs, notamment l'Arabie Saoudite — dont les revenus annuels sont passés, entre 1973 et 1978, de 4,35 à 36 milliards de dollars — qui investira

---

1. *Les Dollars de la terreur*, Richard Labévière, Grasset, 1999.
2. *Dictionnaire géopolitique des États*, Yves Lacoste, Flammarion, 1997.

une grande partie de ses rentes dans la promotion de l'islam [...]. La quasi-totalité des réseaux islamistes implantés au Proche-Orient, en Afrique et en Occident, seront ainsi financés par l'État saoudien et par le biais d'institutions islamiques internationales qu'il contrôle : l'Organisation de la Conférence islamique (créée en 1970), la Ligue islamique mondiale (ONG aux objectifs missionnaires, créée en 1962), et surtout les holdings et banques saoudiennes, telles que Faisal Islamic Bank, Dar al-Mal, Dallah Al-Baraka[1]. » Parallèlement, les initiatives privées des Al Saud et des princes du royaume s'ajoutent à l'ossature de la « diplomatie musulmane » du royaume.

« L'Arabie Saoudite n'a plus de budget consacré au terrorisme. Mais les 4 000 princes qui dirigent le royaume financent au coup par coup les mouvements islamistes, comme autrefois on achetait des indulgences[2]. » « Citons, par exemple, Youssef Djamil Abdelatif, richissime financier saoudien actionnaire de Sony, qui offrit un million de dollars à Ahmed Simozrag, l'un des trésoriers du FIS. Pour ce qui est de l'aide privée, les hommes d'affaires saoudiens, possédant des fortunes colossales, continuent de financer tel ou tel mouvement

1. « Genèse et actualité de la stratégie pro-islamiste des États-Unis », Alexandre Del Valle, *Revue stratégique*, n° 70-71, avril 1999.
2. « Nouvelles menaces, les identités criminelles hybrides, le cas du GIA », Xavier Raufer, Centre des hautes études de l'armement, décembre 1996.

[dont celui d'Ossama Bin Laden qui, bien qu'] officiellement désavoué par le royaume saoudien [...] reste en contact étroit avec sa famille, l'une des plus riches du royaume saoudien, ainsi qu'avec le clan ultra-puissant des Sudeiri[1]. »

L'Arabie Saoudite développa tout un tissu bancaire destiné dans un premier temps à financer le développement de pays émergents à la condition que ces derniers se rendent perméables à la propagation d'un islam sunnite de rite « hanbalite » (celui-là même qui influence le « wahhabisme » saoudien). La principale agence bancaire fut créée en 1973, la BID, Banque islamique de développement, dont la monarchie saoudienne détient 25 % du capital. Cette dernière a notamment compensé les sanctions financières imposées au Pakistan, suite à ses essais nucléaires de 1998, en relevant le plafond de ses prêts de 150 à 400 millions de dollars. Afin de rendre plus opaque la finance islamique, d'autres agences bancaires furent créées comme le « Fonds de développement de l'OPEP pour les affaires internationales » (30 % de capitaux saoudiens), la « Banque arabe pour le développement économique en Afrique » (24,4 % de capitaux saoudiens), Dar Al Mal al Islami ou Al-Baraka.

C'est également dans un souci de prosélytisme islamique que fut créée en décembre 1962 la « Ligue islamique mondiale », dirigée par Abdullah Bin Saleh Al Obaïd. La ligue dispose de repré-

---

1. Alexandre Del Valle, *op. cit.*

sentations dans plus de 120 pays. Dotée de moyens financiers importants, elle finance la construction de mosquées et de centres islamiques partout dans le monde. En Europe, elle a à son actif la construction des mosquées de Madrid, Rome, Mantes-la-Jolie, Évry, Copenhague.

Comme on peut le constater, l'Arabie Saoudite joue un rôle clé dans la propagation d'un islam dur dans le monde, notamment par l'intermédiaire des pétrodollars, utilisés habilement dans le cadre de projets d'islamisation. Parfaitement intégrée au système capitaliste, elle en utilise tous les rouages, tant et si bien que ses capitaux sont désormais devenus indispensables à la bonne marche de l'économie mondiale. Réserve énergétique de première importance, le royaume saoudien voit ses activités de prosélytisme protégées par la superpuissance du moment, les États-Unis. Il paraît donc peu probable qu'un frein soit apporté, à court ou moyen terme, à la propagation du fondamentalisme islamique, sur lequel s'appuient des groupes d'une extrême violence, comme le Hamas en Palestine, les taliban en Afghanistan ou le GIA en Algérie.

Ossama Bin Laden est en quelque sorte le produit ou l'émanation de cette politique. Dès 1978, il fonde à la demande du chef des services de renseignement saoudiens, le prince Turki Al Faisal, une organisation capable d'exporter sur le sol afghan l'islam combattant, la «Légion islamique».

Il se rendra notamment à Peshawar au Pakistan

pour y rencontrer celui qui deviendra son guide spirituel, le cheikh Abdullah Azzam, palestinien, chargé d'accompagner les volontaires arabes pour combattre les Soviétiques, qui fonda au début des années 80 le « bureau afghan », ou centre d'accueil des volontaires arabes, dont Bin Laden devint rapidement le responsable financier avant de le remplacer après son assassinat en septembre 1989. Le cheikh Azzam dirigeait à Londres les éditions Azzam Publication qui ont publié en particulier une biographie d'Ossama Bin Laden ainsi que plusieurs ouvrages faisant ouvertement l'apologie de la violence armée. Les proches du cheikh Azzam ont recréé des structures du même type en Grande-Bretagne depuis sa mort.

Les Saoudiens offrent à cette époque à Ossama Bin Laden tous les moyens de ses ambitions, sur le plan financier et logistique. Et cette relation subsistera, quoi qu'en disent les Saoudiens, jusqu'à une époque très récente, par-delà l'exil soudanais, par-delà aussi les nombreux attentats qui ont pu lui être attribués. De nombreuses sources, dont Bin Laden lui-même, lors d'une interview à la chaîne américaine ABC, rapportent ainsi jusque très récemment les déplacements fréquents du prince Turki Al Faisal ou de ses émissaires à Kandahar en Afghanistan pour y rencontrer son « protégé » devenu au fil du temps quelque peu encombrant.

Ossama Bin Laden dira d'ailleurs, dans une interview non publiée accordée en avril 1995 à un journaliste du quotidien *France Soir* que « les Saoudiens [l'avaient] choisi pour être leur représentant en Afghanistan [1] ».

Pour soutenir cet effort de guerre, l'Arabie Saoudite a constitué un vaste réseau d'organisations à vocation caritative ou d'entraide islamique. Certaines de ces organisations, et non des moindres, constituent en réalité des centres de recrutement ou de financement pour les activités d'Ossama Bin Laden. Ces organisations caritatives ou à vocation « humanitaire » offrent l'avantage d'être beaucoup moins contrôlables sur le plan financier.

La plus importante est « l'Organisation du Secours islamique international » qui finance de nombreux « missionnaires » de l'islam et entretient des liens très étroits avec la totalité des groupes islamiques connus. L'International Islamic Relief Organization (IIRO) a été fondée à Djeddah en 1978. Présente dans près de 120 pays, l'IIRO est une organisation d'entraide islamique intervenant dans le domaine médical, humanitaire ou agricole sur tous les « fronts » de l'islam, de la Bosnie-Herzégovine à l'Afghanistan en passant par la Tchétchénie.

Officiellement, l'association admet être financée par de « généreux donateurs saoudiens » utilisant le système du *zakat* payé par les personnes physiques et morales du royaume. Ainsi, sur la période de 1984 à 1995, l'essentiel du budget de l'organi-

---

1. Cité in « Bin Laden le milliardaire diabolique », *Le Point*, n° 1513, 14 septembre 2001.

sation a été consacré aux « projets spéciaux » à hauteur de 34 %, représentant 140 millions de dollars[1]. Les principales familles du royaume effectuent régulièrement des donations au profit de l'organisation, à l'instar du ministre saoudien de la Défense, le prince Sultan Bin Aldulaziz, autre Sudeiri, qui admet verser personnellement chaque année deux millions de francs à l'IIRO[2]. En 1999, l'organisation était même élevée au rang de membre invité de l'Organisation de la Conférence islamique (OCI)[3].

La branche européenne de l'association a été créée à Londres le 28 novembre 1985, International Islamic Relief Organization (IIRO)[4], sise 3 Worcester Street à Oxford, est dirigée par un Saoudien, Abdullah Saleh al-Obaïd. Islamic Relief dispose de plusieurs bureaux en Europe, notamment en France, en Suisse, en Allemagne, aux Pays-Bas ainsi qu'en Suède.

En apparence, l'IIRO est une association d'entraide islamique saoudienne qui a pignon sur rue et bénéficie du soutien du royaume. En réalité, l'IIRO est plus que cela, elle est l'un des véhicules financiers et opérationnels de l'islamisme militant, largement exploité par celui qui en est devenu l'emblème, Ossama Bin Laden. La CIA confirmera

1. International Islamic Relief Organization, 2001.
2. *Ain Al Yaqeen*, 21 janvier 1999.
3. Communiqué de l'OCI, 1ᵉʳ juillet 1999.
4. ICC Financial Analysis Reports, 2001 ; ICC Directors, 2001 ; ICC Directory of UK Companies, 2001.

que Bin Laden «exploite» le réseau de l'IIRO dans le cadre de ses opérations [1].

À l'appui de ces affirmations, plusieurs indices précis de l'implication de l'IIRO dans les opérations terroristes permettent d'entrevoir la réalité d'une si puissante organisation. Ainsi, le propre beau-frère d'Ossama Bin Laden, Mohammad Jamal Al-Khalifa, a constitué la branche philippine de l'IIRO en 1992, accusée plus tard par un dissident de l'organisation terroriste Abu Sayyaf d'être un paravent pour des activités terroristes, notamment au profit du Moro Islamic Liberation Front (MILF). Selon cette source, les fonds destinés aux rebelles transitaient par une autre association caritative installée à Djeddah en Arabie Saoudite, Ikhwan Al Islimin, dirigée par Ustadz Muslimen, lequel aurait facilité en octobre 1998 la venue aux Philippines de l'homme d'affaires Hussein Mustapha, partenaire de Mohammad Jamal Al-Khalifa pour le compte d'Ossama Bin Laden [2].

Autre indice troublant, le siège européen de l'organisation est installé à la même adresse à Oxford que celui de l'International Development Foundation (IDF), créée par Mohammed Salem Bin Mahfouz et Mohammed Saleh Affara. Le premier appartient à une famille de riches banquiers saoudiens ayant facilité depuis l'Arabie Saoudite le

1. Vincent Cannistraro, ancien directeur du département anti-terrorisme de la CIA, cité par *USA Today*, 1er octobre 1998.
2. Dépêche AFP, 9 août 2001.

financement des activités terroristes d'Ossama Bin
Laden. Le second est yéménite d'origine et intermédiaire pour les ventes d'armes. Il a notamment
été impliqué dans l'affaire du contrat d'armement
Sawari-2 avec l'Arabie Saoudite. De même, la
branche londonienne de l'IIRO comportait dans
son conseil d'administration Farid Yaseen Gurashi,
dont le frère, Ismail Mohammad Gurashi, est
directeur de la principale banque soudanaise, la
Bank of Khartoum. Enfin, à la même adresse britannique figure également une association d'entraide dénommée Oxford Trust for Islamic Studies[1], dirigée par Farhan Ahmad Nizami, de
nationalité indienne, et Khalid Alireza, de nationalité saoudienne Khalid Alireza dirige à Djeddah
et à Dharan en Arabie Saoudite plusieurs sociétés
de construction et de transport, ABT Group,
Xenel Industries Ltd et Saudi Services and Operating Company Ltd. Coïncidence encore, Abdullah
Mohammed Bin Laden, l'un des plus jeunes frères
d'Ossama Bin Laden, a récemment reconnu que
sa famille versait chaque année des dons importants à cette organisation d'entraide[2]. L'IIRO n'est
pas le seul exemple, et d'autres organisations saoudiennes se trouvent au carrefour du financement
humanitaire et du Djihad. Ainsi, le prince Abdul
Aziz Al Ibrahim, beau-frère du roi Fahd par sa
femme Mounayer, a créé dans les années 90 une
fondation ayant officiellement pour objet l'assis-

---

1. ICC Directors, 1998.
2. Interview sur CNN, 8 octobre 2001.

tance humanitaire. Or, la branche kényane de l'organisation basée à Nairobi, dénommée Ibrahim Bin Abdul Aziz Al Ibrahim Foundation [1], a été associée à l'environnement d'Ossama Bin Laden dans le cadre de l'enquête du FBI sur les attentats contre les ambassades américaines de Nairobi et de Dar es-Salaam du 7 août 1998.

Le bureau kényan de l'organisation a même été fermé au mois de septembre 1998 par les autorités nationales, à la suite de la saisie de documents à son siège ayant établi sa collusion avec les opérations d'Ossama Bin Laden dans le cadre de l'organisation matérielle de l'attentat contre l'ambassade américaine de Nairobi À la fin de l'année 1998, à la suite d'une levée de boucliers des représentants musulmans du Kenya qui dénoncèrent la « persécution » dont ils étaient l'objet et après une grève générale dans le pays, la décision d'interdiction de l'association a finalement été levée par les autorités kényanes [2]. La fondation était notamment financée par la famille Al Ibrahim et plusieurs sociétés saoudiennes.

Aux dernières nouvelles, Abdul Aziz Al Ibrahim possédait la majeure partie de l'ensemble immobilier de Marina Del Rey à Los Angeles, acquise par l'intermédiaire de sociétés écrans [3]. Les autorités américaines avaient mis en lumière un prêt de

---

1. Africa Online, 1998.
2. AFP, 17 décembre 1998.
3. « County Authorizes Talks on Marina Del Rey Hotel Plan », *Los Angeles Times*, 1er août 2001.

132 millions de dollars accordé à Abdul Aziz Al
Ibrahim à la fin de l'année 1989 par... la très sul-
fureuse BCCI, à l'origine du plus grand scandale
financier du siècle en 1991. Il figurait à ce titre
parmi les principaux bénéficiaires de prêts de la
part de la banque.

Le profil de ces « généreux Saoudiens » n'est pas
anodin. Il s'agit généralement de riches industriels
ou financiers proches de la famille royale. Le cas
des frères Abdul Aziz et Walid Al Ibrahim est révélateur. Ils réalisent d'importants investissements
immobiliers au Maghreb, en Afrique ainsi qu'aux
États-Unis. Ils ont racheté en 1993 le premier service de télévision arabe par satellite, Middle East
Broadcasting Corp (MBC) — propriétaire notamment de l'agence de presse United Press International (UPI) —, créé en 1988 par Saleh Abdullah
Kamel, un autre personnage central du royaume
et des réseaux Bin Laden.

Le soutien saoudien à l'islamisme radical est
véhiculé par un système bancaire complexe qui a
pour centre deux entités constituées au début des
années 80 : Dar Al Maal Al Islami (DMI), fondé
par le frère du prince Turki, Mohammad Al Faisal, en 1981, et Dallah Al Baraka, fondé par le
beau-frère du roi en 1982.

Ces institutions, dotées de capitaux importants
(1 milliard de dollars dans le cas de DMI) ont pour
origine la volonté du royaume saoudien d'étendre
sa prééminence dans le monde arabe dans le
domaine financier, parallèlement au soutien qu'il

apportait à la cause de l'islamisme radical. S'y ajoutait la volonté, déjà perceptible lors de la genèse de la BCCI, de constituer un réseau financier international capable d'incarner et d'appuyer la vitalité économique des pays arabes face aux grandes banques occidentales, dont les monarchies du Golfe dépendaient encore largement alors que leur avantage était indéniable dans le domaine des ressources pétrolières. Un autre avantage était que ce système bancaire constituait un véhicule financier idéal et surtout légal assurant le financement de l'islamisme radical, notamment par le biais des organisations caritatives.

Dar Al Mal Al Islami (DMI) SA[1], autrement dit « La maison de l'argent islamique », est domiciliée à Cointrin en Suisse. DMI a été créée le 29 juillet 1981. Jusqu'en octobre 1983, son président est Ibrahim Kamel. Il est remplacé le 17 octobre 1983 par le prince Mohammad Al Faisal Al Saud, fils du roi Al Saud et cousin germain du roi Fahd et frère du prince Turki Al Faisal, ancien chef des services de renseignement du royaume, limogé au mois d'août 2001. DMI est considérée comme la structure centrale du financement saoudien de l'islamisme international. Ses principales filiales sont l'Islamic Investment Company of the Gulf, la Faisal Islamic Bank of Bahrein et la Faisal Finance. Des établissements de premier plan, jouissant d'un

---

1. Creditreform Swiss Companies, 1999.

pouvoir énorme dans les différents pays où ils sont implantés, notamment dans le Golfe et au Soudan.

Fonctionnant sur un mode islamique, DMI pratique le *zakat*, l'impôt religieux qui exige que lors de l'achat de parts, les souscripteurs s'engagent à verser sur leurs fonds propres un capital variable hors transaction. Dès la réalisation de la transaction, ces fonds disparaissent et ne sont pas comptabilisés. Les versements pourront être par la suite reversés sans contrôle financier à des groupes islamistes ou des associations telles que l'IIRO.

Le groupe Dallah Albaraka est plus discret mais tout aussi puissant. Son fondateur, Saleh Abdullah Kamel, né en 1941, a été conseiller du ministre des Finances du royaume et inspecteur général des finances. En qualité de principal actionnaire d'Albaraka Islamic Investment Bank de Bahreïn, Saleh Abdullah Kamel dirige plusieurs entités bancaires dont les activités ont été mises en cause lors d'enquêtes récentes visant des réseaux de financement frauduleux ou terroristes.

Saleh Kamel était ainsi président d'Albaraka Bank-Sudan et actionnaire de la Sudanese Islamic Bank [1], filiale de Faisal Islamic Bank of Egypt SAE [2], de Tadamon Islamic Bank et d'Islamic West Sudan Bank. Il était également membre du conseil d'administration de la National Development Bank au Soudan. Il est enfin l'un des fondateurs de Faisal

---

1. *The Bankers Almanach*, 1999.
2. *The Bankers Almanach*, 1999.

Islamic Bank-Sudan et de la société Arab Invest-ment Co [1].

Tadamon Islamic Bank est actionnaire depuis 1991 d'Al-Shamal Islamic Bank au Soudan, consi-dérée par les autorités américaines comme l'une des principales structures d'investissement et de financement d'Ossama Bin Laden à partir de 1991 — date de l'installation de ce dernier au Soudan [2]. Il est difficile de penser que le propre beau-frère du roi se soit mépris sur la nature et le sens de ces investissements.

Peu après son installation à Khartoum au Sou-dan en 1991, Ossama Bin Laden a en effet parti-cipé à la mise en place de plusieurs structures financières et commerciales lui permettant de financer ses activités terroristes. Outre les finance-ments issus des mouvements politiques, coordon-nés par le Front Islamique International pour le Djihad contre les Juifs et les Croisés (FIIJJC) basé à Kandahar en Afghanistan, les activités écono-miques d'Ossama Bin Laden sont relayées par une société holding dénommée Wadi Al Aqiq [3]. Elle est administrée à Khartoum par un Soudanais, Abu

---

1. *The Complete marquis Who's Who*, 1986.

2. US State Department ·Factsheet 08/96; Congressional Research Service Issue Brief 27/08/98; USA v. Usama Bin Laden trial transcript, US District Court, Southern District of New York 05/01.

3. US Grand Jury Indictment (USA v. Usama Bin Laden), S2 98 Cr.1023, point ·10d, 05/11/98; «Bin Ladin reportedly severed financial ties with Sudan, Saudi Arabia», BBC Summary of World Broadcast, 25 août 1998.

Al-Hasan. Selon plusieurs sources concordantes, la holding regroupait sept entreprises soudanaises ainsi qu'un nombre indéterminé d'entreprises au Yémen, dans les secteurs de l'import-export, de l'édition ou de la céramique, ainsi qu'au Kenya dans l'industrie électrique[1]. Les principales sociétés concernées et identifiées par le FBI[2] sont les suivantes : Al-Hijrah for Construction and Development Ltd ou Hijrah Contracting Company, basée à Khartoum, la société de construction a notamment réalisé 1 200 km de l'axe autoroutier reliant Khartoum à Port Soudan, ainsi que le nouvel aéroport de Khartoum ; Taba Investment Company Ltd, basée au Soudan, est une société d'investissement dans le secteur agricole détenant la majorité des cultures de maïs, de tournesol et de sésame du pays ; Gum Arabic Company Ltd, société soudanaise spécialisée dans le traitement et la commercialisation de la gomme ; Ladin International, société d'investissement installée à Khartoum, Soudan ; Al-Themar Al-Mubaraka, société de production agricole basée au Soudan ; Al Qudarat, une société de transport.

Mais l'un des principaux investissements de Bin Laden a porté sur une institution bancaire, Al Shamal Islamic Bank[3], au capital de laquelle il participe à hauteur de 50 millions de dollars à cette

1. *African Economic Digest*, 29 août 1994.
2. US Grand Jury Indictment (USA v. Usama Bin Laden), S2 98 Cr.1023, point 10d, 05/11/98 ; « A global, panislamic network », *The Washington Post*, 23 août 1998.
3. *The Bankers Almanach*, 1998.

époque. Cette banque lui permettait non seulement de financer ses activités, mais également de
faire transiter des capitaux vers les fronts du Djihad. Le récent procès des auteurs des attentats
contre les ambassades américaines en Afrique a
permis de constater au fil des témoignages que les
comptes bancaires d'Al Shamal alimentaient également l'organisation terroriste Al-Qaeda.

Le directeur général d'Al Shamal Islamic Bank,
même s'il nie aujourd'hui la présence d'Ossama
Bin Laden dans le capital de l'établissement, a toutefois récemment reconnu que celui-ci disposait
de deux comptes dans la banque ouverts le
30 mars 1992 et inactifs depuis 1997, au nom de la
société Al-Hijrah for Construction and Development Ltd. Plus surprenant, il reconnaît également
l'ouverture d'un compte en 1993 au nom de la
société holding d'Ossama Bin Laden, Wadi Al
Aqiq, dont on apprend qu'il s'agit d'une société
de droit saoudien, enregistrée en Arabie Saoudite,
dont le compte est inactif depuis 1995[1]. Révélations étonnantes lorsque l'on sait que, depuis le
6 avril 1994, Ossama Bin Laden s'est vu retirer
sa nationalité saoudienne par les autorités du
royaume[2] et que l'ensemble de ses actifs est censé
avoir été gelé à cette date.

L'un des actionnaires de référence de la banque
est la deuxième institution bancaire du pays, Tada-

---

1. Al Shamal Islamic Bank, Communiqué du directeur général
Mohammed S. Mohammed, septembre 2001.
2. *Moneyclips*, 7 avril 1994.

mon Islamic Bank [1], établie le 28 novembre 1981, et dont l'activité a commencé le 24 mars 1983, soit moins d'un mois avant qu'Al Shamal Islamic Bank n'obtienne l'autorisation bancaire pour ses propres activités. La banque est présente sur l'ensemble du territoire soudanais à travers 21 établissements. Elle est dirigée par Sayed Altigani Hassan Hilal et Sayed Salah Ali Abu Alnaja.

Ses principaux actionnaires en 1998 sont les sociétés National Co for Development and Trade (15 %) de Khartoum, Kuwait Finance House KSC, la Dubai Islamic Bank PLC, Yasien Leather Co, Bahrain Islamic Bank BSC [2] ainsi que plusieurs actionnaires individuels parmi lesquels Aadel Raheem Mukawi, Salih Abdalla Alkamil, Abdalbasit Ali, Mohammed Ibrahim Mohammed Alsubaie, Abdalla Ibrahim Mohammed Alsubaie et Saeed Mohammed Aldaregie Alamoodie (Al Amoudi). Le ministère des Affaires sociales des Émirats arabes unis est également présent dans le capital de la banque.

Tadamon dispose de plusieurs filiales au Soudan, notamment dans les secteurs agricole, industriel et immobilier. Les investissements de la banque au Soudan comprennent le contrôle des sociétés Islamic Insurance Co, Islamic Trading and Services Co et Real Estate Development Co.

L'actionnariat de Tadamon Islamic Bank n'a pas

---

1. IAC Company Intelligence, 2001 ; *The Bankers Almanach*, 2000.
2. *The Bankers Almanach*, 2000.

sensiblement évolué depuis 1991. Le seul changement intervenu a été le remplacement dans le
conseil d'administration de la représentation de la
Faisal Islamic Bank de Khartoum[1] par sa filiale,
National Co for Development and Trade, en 1995.
La Faisal Islamic Bank, créée en 1977, est dirigée
par le prince Mohammad Al Faisal Al Saud d'Arabie Saoudite. Il s'agit d'une filiale de la société Islamic Investment Company of the Gulf (Bahreïn),
dont la holding est Dar Al Mal Al Islami (DMI). Il
est également peu probable que la direction de la
DMI ait ignoré l'investissement majeur consenti
par sa filiale Tadamon Islamic Bank, d'autant qu'il
concernait la constitution d'une nouvelle entité
bancaire.

Autre banque à avoir facilité des transferts au
profit des réseaux d'Ossama Bin Laden, la Dubai
Islamic Bank[2], basée aux Émirats arabes unis, dont
la CIA aurait établi que des mouvements réguliers
alimentaient des organisations associées à Bin
Laden[3].

L'établissement bancaire islamique créé en 1975
est dirigé par Mohammed Khalfan Bin Kharbash,
qui n'est autre que l'actuel ministre des Finances
des Émirats. La banque compte parmi ses actionnaires les gouvernements de Dubaï et du Koweït

---

1. IAC Company Intelligence, 1997
2. *The Bankers Almanach*, 2000 ; IAC Company Intelligence,
2001.
3 State Department Briefing, 8 juillet 1999.

(à hauteur respective de 10 % du capital). **La banque est actionnaire de Bahrain Islamic Bank, d'Islami Bank Bangladesh Ltd**[1] **et de Tadamon Islamic Bank**[2]**, présente dans le capital d'Al Shamal Islamic Bank.**

La Dubai Islamic Bank était l'un des principaux actionnaires de la BCCI avec plus de 80 millions de dollars d'actifs dans cette dernière. La banque a été touchée par plusieurs scandales, notamment le blanchiment d'argent pour un montant de 242 millions de dollars au profit de Foutanga, dit Babani, Sissoko, milliardaire malien[3]. On retrouve Saleh Abdullah Kamel dans le financement des réseaux d'Ossama Bin Laden en 1999 avec la société de communication Tihama for Advertising, Public Relations and Marketing, filiale du Dallah Albaraka Group. La société a en effet été citée comme étant l'un des relais saoudiens des réseaux de financement des activités terroristes d'Ossama Bin Laden[4]. Pourtant, Saleh Kamel n'a toujours pas été à ce jour inquiété par les développements judiciaires concernant les structures précitées.

1. *The Bankers Almanach*, 2000.
2. *The Bankers Almanach*, 2000.
3. « Dubai bank withstands BCCI collapse », UPI, 3 juin 1996 ; « Closing in on Baba », *Miami New Times*, 8 avril 1999 ; « Islamic bank rocked by allegations of massive fraud », AFP, 30 mars 1998 ; « BCCI payout, islamic bank dividend tied », UPI, 19 mai 1996 ; « BCCI deal buoys UAE stocks », Inter Press Service, 6 février 1995 ; « Arab banks objections may put BCCI deal in jeopardy », *Financial Times*, 6 mai 1992 ; « Baba's big bucks », *Miami New Times*, 30 juillet 1998 ; « Nouvelle affaire de fraude dans une banque des Émirats », Agence France Presse, 30 mars 1998.
4. *AP News*, 09/99.

Seul Khalid Bin Mahfouz, directeur général de Tihama et partenaire financier de Saleh Abdullah Kamel, a été placé en résidence surveillée et démis de ses fonctions de président de la National Commercial Bank d'Arabie Saoudite au cours de l'année 2000[1].

Alors, l'Arabie Saoudite a-t-elle «joué avec le feu» en soutenant la cause de l'islamisme radical? A-t-elle été dépassée par ses propres constructions et schémas plus ou moins opaques pour soutenir le fondamentalisme? Les éléments recueillis nous font douter de cette explication. Il existe en effet des liens étroits et souvent familiaux entre les différents protagonistes de l'islamisme radical, qui ne doivent malheureusement rien au hasard.

Cette politique lui assurait la prééminence sur le nationalisme arabe et sur l'Iran dans la promotion de l'islam. Elle condamnait également et dans le même temps l'Occident à entrer en conflit avec ces radicaux soutenus par la première puissance islamique du monde. On a trop souvent dit, et c'est encore aujourd'hui un alibi commode pour certains esprits naïfs, qu'Ossama Bin Laden était une «créature» de la CIA, pour la seule raison que les États-Unis avaient contribué, sans doute indirectement et temporairement, à ses objectifs radicaux en finançant et en soutenant les rebelles moudjahidine contre les Soviétiques en Afghanistan au cours des années 80.

1. Voir chapitre 12.

Si les États-Unis ont aidé Bin Laden, ce fut dans une large mesure la conséquence involontaire de leurs propres ambitions dans la région. Le soutien saoudien s'inscrit en revanche, lui, dans le cadre d'une politique voulue, claire et sans ambiguïtés quant à l'essor de l'islam dans le monde. À la lumière de ces révélations, Ossama Bin Laden apparaît d'abord et avant tout comme un produit du wahhabisme et un instrument du royaume saoudien qui ont tous deux trouvé des éléments de convergence tels qu'ils les liaient durablement.

L'attitude saoudienne dans le cadre de l'organisation de la riposte américaine aux attentats du 11 septembre démontre à cet égard le trouble du régime à l'égard d'Ossama Bin Laden. Le refus du royaume d'autoriser sur son sol la présence de forces américaines pour frapper l'Afghanistan illustre cette tolérance mutuelle qui existait entre l'Arabie Saoudite et Bin Laden : la première n'ayant jamais coopéré avec les États-Unis dans les enquêtes en cours, de crainte de provoquer les radicaux du royaume ; le second ayant pris soin d'« épargner » le royaume, alors même qu'il en fustigeait l'attitude dans ses premiers écrits.

On parle volontiers de « terrorisme d'État » s'agissant de la Libye ou de l'Iran. L'Arabie Saoudite est absente des listes noires pour la simple et bonne raison qu'elle est incontournable sur la scène pétrolière mondiale. Sans cette manne, il est probable qu'elle y figurerait en bonne place.

Ossama Bin Laden n'est que la figure emblématique d'enjeux et d'intérêts religieux et financiers majeurs qui sous-tendent l'avenir même du régime saoudien. Les réseaux qui le soutiennent sont marqués par la permanence, qu'il s'agisse de la BCCI, des banques islamiques ou des organisations humanitaires, et il est peu probable qu'ils disparaissent avec Ossama Bin Laden.

Le véritable enjeu est désormais ailleurs, et réside dans notre capacité à remettre en cause le soutien politique et financier apporté par l'Arabie Saoudite aux mouvements fondamentalistes dans le monde, tendance lourde, continue et sans doute durable si l'Occident ne parvient pas à entraver cette « marche forcée » du royaume.

Nous avons longtemps fermé les yeux sur cette situation pour mieux préserver la sécurité de l'allié saoudien, laissant se développer les germes d'un fondamentalisme devenu incontrôlable, et renonçant à exercer toute forme de pression sur un pouvoir qui défend encore aujourd'hui l'indéfendable, et lui permet d'exister politiquement, matériellement et financièrement.

III

Bin Laden,
le mythe du renégat

9

Libye 1994 : un terroriste est né

Sur la photo, il semble beaucoup plus jeune que sur les images diffusées depuis septembre 2001 par la chaîne arabe Al-Jazira. Ce cliché d'Ossama Bin Laden remonterait à 1996, à une époque où il se cachait moins et où il intéressait moins de services de renseignement. Sa barbe semble plus fournie, son visage paraît presque plus rond, ses joues plus remplies.

Cette photographie ne sort pas d'un album de famille. C'est celle qui figure en haut à gauche du premier mandat d'arrêt dressé par Interpol, en vue d'appréhender Bin Laden. Une pièce confidentielle, portant le numéro 1998/20232 et strictement destinée aux services de police judiciaire du monde entier. Un élément frappe en parcourant le document. Il diffère sur de nombreux points de la version publique de la fiche signalétique d'Interpol diffusée à la presse et présentée sur le site Internet de l'agence de coopération policière. Dans cette version publique, nulle mention de la liste des faits reprochés au criminel,

nulle précision sur la date d'émission du mandat
d'arrêt, et surtout nulle citation de l'État demandeur. C'est-à-dire le gouvernement dont les autorités ont les premières demandé à Interpol de
déployer ses moyens pour appréhender l'indi-
vidu en question. Étrange. Mais les absences les
plus surprenantes s'expliquent toujours. Et pour
cause...

Le premier mandat d'arrêt d'Interpol visant à
interpeller Ossama Bin Laden a en effet été émis le
15 avril 1998, à la demande du ministère de l'Intérieur de Libye! Les autorités judiciaires de Tripoli
ont d'abord rédigé un mandat d'arrêt international
contre lui, portant le numéro 127288/1998;
qu'elles ont expédié en date du 16 mars 1998 au
siège d'Interpol à Lyon. Lequel a reconnu la vali-
dité de la procédure et a émis son propre mandat
un mois plus tard, à destination de toutes les
polices[1]. Ce document officiel atteste que deux ans
après l'attentat contre les installations américaines
de Dharan, les États-Unis ne recherchent toujours
pas ouvertement Ossama Bin Laden alors qu'il est
déjà cité comme le principal suspect dans cet attentat, qu'il a lancé une *fatwa* contre l'Occident et
l'Amérique depuis le 28 février 1998 et qu'il est lié
selon les États-Unis à l'attentat contre le World
Trade Center de février 1993. Celui que le Département d'État qualifie dès 1996 de «principal spon-
sor financier des activités islamistes extrémistes dans

---

1. Ce document porte la mention *Confidential intended only for
police and judicial authorities.*

le monde » n'est donc pas encore recherché par les services judiciaires américains[1].

Les faits reprochés qui justifient cette procédure aux yeux des Libyens remontent à un double assassinat survenu le 10 mars 1994, contre deux ressortissants allemands. Un détail non moins surprenant et qui ravive une vieille affaire. Les deux citoyens allemands ne sont autres que Silvan Becker et son épouse, un couple pas tout à fait comme les autres[2]. Il s'agit en réalité d'agents secrets allemands, responsables des missions sur l'Afrique noire et de la lutte antiterroriste, et rattachés au Bundesamt für Verfassungsschutz (Office de protection de la Constitution), l'un des trois services de renseignement allemand. Jamais les noms de leurs assassins n'avaient été dévoilés. Pourtant, dès avril 1998, Interpol et toutes les autorités judiciaires occidentales savaient qu'Ossama Bin Laden en était le responsable, et elles devaient théoriquement tout mettre en œuvre pour l'arrêter. Pire, le document d'Interpol atteste que deux ans après l'attentat contre les installations américaines de Dharan ce ne sont pas les États-Unis qui recherchent ouvertement Ossama Bin Laden. Ce dernier a pourtant déjà lancé une *fatwa* contre l'Occident et l'Amérique le 28 février 1998.

1. « U.S. cites Saudi Businessman as Leading Terrorist », Associated Press, 14 août 1996.
2. Voir *Maghreb Confidentiel*, n° 184, du 21 avril 1994.

Pour quelle raison le gouvernement du colonel Kadhafi est-il alors le seul à traquer Ossama Bin Laden? Le dirigeant libyen n'a-t-il pas lui-même soutenu le terrorisme international? Pas si simple. Les réponses à toutes ces interrogations se révèlent intimement liées à l'histoire de la Libye et de la Grande-Bretagne.

1er septembre 1969, un groupe de jeunes officiers libyens progressistes confisque le pouvoir du roi Idriss Senussi, alors que ce dernier goûtait aux plaisirs d'une cure thermale en Turquie. Immédiatement, Londres fulmine. La monarchie Senussi reste la protégée de la Grande-Bretagne. Le monde découvre un visage encore juvénile quoique déterminé, celui de Muammar Kadhafi, alors âgé de 28 ans. Si l'homme manifestera plus tard de nets penchants pour les méthodes dictatoriales, dans les premières heures de son règne il veille surtout à redistribuer les richesses, et à accomplir cette décolonisation économique qui restait en suspens depuis trop longtemps. Immédiatement, il décide de nationaliser tout le secteur pétrolier, et en premier lieu donc les sites de British Petroleum, propriétaire de la plupart des champs pétrolifères du pays[1]. À partir du mois de février 1970, le Secret Intelligence Service britan-

---

1. Les pertes économiques pour la Grande-Bretagne concernèrent aussi son industrie de Défense. Sur ce point, se reporter au sulfureux et très précis *Dossier A comme armes* d'Éric Gerdan (Alain Moreau, 1975).

nique fait de l'éviction de Kadhafi une priorité,
tandis que le Trésor britannique retient les fonds
de l'État libyen déposés à la City (32 millions de
livres sont ainsi gelés).

Manque de réussite, de soutien local et parfois
aussi de chance, la Couronne lancera plusieurs
opérations qui tourneront toutes au fiasco, comme
le confirmera bien plus tard l'ancien officier supérieur des SAS George Campbell-Johnson[1]. Qu'im-
porte. Une guerre d'usure s'installe entre Londres
et Tripoli, et ne prendra véritablement jamais fin.
Pour cette raison, avec le temps, les ennemis de
Kadhafi deviennent aussitôt les amis de la Grande-
Bretagne. Cela concerne en particulier les mouvements religieux radicaux libyens, qui voient en
Kadhafi un dirigeant trop modéré, adepte d'un
islam très laxiste. Aujourd'hui, l'une de ces organisations retient l'attention : il s'agit du Libyan
Islamic Fighting Group, qui figure dans la liste des
27 structures désignées par la Maison Blanche et
le département de la Justice au lendemain des
attentats du 11 septembre. De son véritable nom
arabe al-Jama al-Islamiya al-Muqatila, ce groupe de
combattants islamiques libyens constitue l'un des
plus anciens soutiens d'Ossama Bin Laden.
D'ailleurs, actuellement, le principal animateur
opérationnel de al-Muqatila, surnommé Anas le

1. Pour entrer plus au cœur de ces actions lancées par la
Grande-Bretagne, voir l'excellent ouvrage de l'historien Stephen
Dorril, *MI6 : inside the covert world of her Majesty's secret intelligence ser-
vice*, Free Press, 2000.

Libyen, appartient à la garde rapprochée de Bin Laden.

Depuis le début des années 90, al-Muqatila rassemble des « Afghans-Libyens », c'est-à-dire ces anciens apprentis moudjahidine, recrutés à partir de 1979 par les divers bureaux des Frères musulmans, pour aller combattre en Afghanistan avec le soutien des dollars saoudiens et des missiles Stinger américains. À la fin des combats, environ 2 500 de ces soldats de Dieu d'origine libyenne ont formé un mouvement radical, avec la ferme intention de l'implanter dans leur pays d'origine. Leur visée ne souffrait pas d'ambiguïté : s'ancrer dans la population pour ensuite prendre le pouvoir à Tripoli. Et en ces temps d'après guerre froide, comme beaucoup d'autres, ils avaient installé leur base arrière au Soudan et prêté allégeance à Ossama Bin Laden, de loin le plus fortuné de tous les chefs intégristes.

Ce dernier suivait avec grand intérêt leur progression, et n'hésitait pas à leur apporter des soutiens. Dès 1993, il envisage même de jeter son dévolu sur leur pays, la Libye. Coincé entre l'Algérie où les forces islamistes ne cessaient de progresser, et l'Égypte où la Jamaa et le Djihad Islamique possédaient encore d'importants réseaux, le pays représentait la zone la plus naturelle pour établir alors le centre névralgique d'Al-Qaeda. Les détails contenus dans les documents Interpol prouvent d'ailleurs que le terroriste y a résidé. Plus précisément, il aurait résidé dans la petite ville de Jabala-Larde, non loin de Benghazi, à l'est du pays.

Là, Bin Laden est en terre arabe, et de plus le régime du colonel Kadhafi est au ban des nations, donc ne bénéficie pas de soutien étranger. Au contraire. L'ancien agent secret britannique David Shayler [1], affecté à la branche Afrique du Nord du MI5, a révélé que les services secrets britanniques avaient préparé une opération visant à exécuter Muammar Kadhafi, dans le courant du mois de novembre 1996... avec le soutien des combattants d'al-Muqatila [2]. L'opération, qui a échoué, consistait à attaquer le cortège de Kadhafi lors d'un déplacement officiel.

Donc, à cette période, et au moins jusqu'en 1996, les services secrets britanniques, dépendant du Foreign Office, mais placés sous la tutelle du Premier ministre, travaillaient en coopération avec les principaux alliés d'Ossama Bin Laden ! On comprend mieux pourquoi les documents d'Interpol sont longtemps demeurés dans des archives auxquelles personne n'accédait. Et il ne s'agissait pas de collaboration occasionnelle. Puisque le bulletin de liaison d'al-Muqatila, portant le titre d'*Al-Fajr*, est édité à Londres par une personnalité de la communauté sunnite radicale, Saïd Mansour.

Parce que Ossama Bin Laden manifeste des

1. Voir le document de Mark Hollingsworth et Nick Fielding : *Defending the Realm, MI5 and the Shayler Affair* (éditions André Deutsch, Londres, 1999).
2. Cette version des événements a été confirmée par le descendant du roi de Libye, Idriss al-Senoussi, dans un entretien avec l'agence de presse de Washington Compass Middle East Wire. Les recherches menées par l'historien Stephen Dorril (voir plus haut) l'ont également corroborée.

intentions très belliqueuses à l'égard de Kadhafi, que ses frères d'al-Muqatila bénéficient de l'aide de Londres, les services de sécurité libyens seront donc les premiers à véritablement le traquer. À une période où il favorise les affaires de nombreux États, depuis les rives de la Tamise jusqu'au désert des faubourgs de Riyad.

Ironie de cette partie de poker menteur, le chef des services de renseignement libyen, Musa Kusa, s'est rendu à Londres à la fin du mois de septembre pour transmettre des informations de premier ordre à ses homologues du MI6 (les services secrets britanniques). Un cadeau en contrepartie d'un service : il a transmis une liste d'une douzaine de noms de membres d'al-Muqatila vivant à Londres, sur lesquels ses services espéreraient mettre la main [1].

1. Cette discussion a été confirmée par l'ambassadeur libyen à Londres, Mohammed Azwai, dans une interview au *Guardian*, le 7 octobre 2001.

10

Soutien de famille

« La structure familiale islamique est fondée sur un principe très particulier qui veut que vous soyez obligé à la solidarité envers les membres de votre famille, même s'il s'agit de parents éloignés. Dès lors que vous le pouvez, vous avez l'obligation de soutenir votre cousin, votre nièce, votre neveu, et *a fortiori* votre frère. Et ce serait par exemple une faute que d'empêcher l'argent de parvenir à son destinataire, en l'occurrence Bin Laden. »

Le Dr Saad Al Fagih sait de quoi il parle. Ce dissident saoudien installé à Londres, ancien combattant d'Afghanistan, a longtemps fréquenté Ossama Bin Laden.

Ossama Bin Laden est-il vraiment la « brebis galeuse » de la famille, comme le dit aujourd'hui l'un de ses frères, celui que la famille a désavoué sans le déshériter en 1994, après qu'il eut été expulsé d'Arabie Saoudite en 1991 ?

C'est en effet Bakr Bin Laden, successeur de Salem Bin Laden, décédé en 1988 dans un accident d'avion au Texas, qui annonce en 1994 à la presse saoudienne que «tous les membres de la famille regrettent, dénoncent et condamnent tous les actes commis par Ossama Bin Laden[1]».

Pourtant, rien n'est aussi simple, et la propre sœur d'Ossama Bin Laden avouera récemment qu'il n'est pas concevable «qu'aucun des 54 membres de la famille n'ait plus entretenu de liens avec lui», relevant également le changement de ton à son égard. Depuis les attentats du 11 septembre, Ossama Bin Laden est devenu pour ses frères et sœurs un «demi-frère». Des précautions de langage très relatives, comme si dans un pays islamique pratiquant la polygamie, les enfants nés de différentes femmes n'étaient pas simplement des frères et sœurs

Dans une interview accordée en 1997 au journaliste de CNN Peter Arnett, Ossama Bin Laden affirmera d'ailleurs que «le régime [saoudien] cherche à créer la zizanie dans sa famille», et révélera qu'à neuf reprises sa mère, son oncle et ses frères étaient venus lui rendre visite à Khartoum au Soudan.

Le constat de l'hypocrisie familiale peut être étendu, nous l'avons dit, à son pays, l'Arabie Saoudite, qui, bien qu'elle l'ait déchu de sa nationalité en 1994, poursuit son soutien à la cause qu'il défend.

Les affaires familiales ont été pour beaucoup dans les réactions très fermes du clan Bin Laden. En réalité, les relations avec Ossama Bin Laden

---

1. «Bin Ladin family distances itself from Osama», *APS Diplomat Recorder*, 5 mars 1994.

ont existé de tout temps et n'ont jamais vraiment cessé. Comme l'indique une note de synthèse émanant d'un service de renseignement occidental, la famille Bin Laden applique rigoureusement depuis le début des années 80 « le principe de la solidarité totale de tous les membres de la famille ».

Ainsi, deux beaux-frères d'Ossama Bin Laden, Mohammad Jamal Khalifa et Saad Al Sharif, ont joué selon les autorités américaines un rôle crucial dans le financement de l'organisation terroriste Al-Qaeda. Le premier au travers d'une organisation caritative basée à Djeddah, œuvrant aux Philippines. Il aurait également financé les activités d'Ossama Bin Laden par la Malaisie, Singapour ainsi que l'île Maurice [1].

Vincent Cannistraro, ancien coordinateur de la lutte antiterroriste de la CIA, a ainsi déclaré que Mohammad Khalifa est soupçonné d'avoir financé l'Armée Islamique d'Aden, groupe terroriste yéménite proche d'Ossama Bin Laden, qui a notamment revendiqué l'attentat contre le navire américain *USS Cole*.

Khalifa a même été brièvement détenu en 1994 après que les autorités américaines de l'immigration eurent découvert qu'il avait été condamné à mort par contumace par un tribunal jordanien pour « conspiration en vue de conduire un acte

1. « Saudi elite tied to money groups linked to bin Laden », *Boston Herald*, 14 octobre 2001.

terroriste [1] ». Extradé vers ce pays, il a par la suite
été libéré pour vice de forme.

L'un des frères d'Ossama Bin Laden, Mahrous,
a emprunté dans les années 70 un chemin assez
similaire à celui de son frère.

Éduqué en Grande-Bretagne au début des
années 70, il se lie d'amitié à des membres des
Frères musulmans, organisation islamiste syrienne
à l'époque en exil en Arabie Saoudite. En 1979,
près de cinq cents dissidents conduits par les
Frères musulmans envahiront la Grande Mosquée
de La Mecque, en utilisant des camions appartenant au groupe familial Bin Laden pour y intro-
duire des armes. L'organisation entendait protester contre la perte de légitimité du régime
saoudien qualifié de « corrompu, ostentatoire et
pâle imitation de l'Occident ».

Tous les membres du réseau ayant participé à
l'opération ont été par la suite décapités, à l'exception de Mahrous Bin Laden, d'abord arrêté
pour complicité, puis libéré de prison quelque
temps plus tard.

Les services de renseignement saoudiens établiront que seule la famille Bin Laden, qui avait participé à la construction d'une partie de la Grande
Mosquée, était en possession des plans du site permettant de déjouer la vigilance des forces de sécurité.

La libération de Mahrous doit beaucoup à

---

1. « Family ties ; The Bin Ladens », *The Sunday Herald*, 7 octobre
2001.

l'époque aux relations privilégiées dont jouit la
famille Bin Laden depuis des décennies avec la
famille régnante saoudienne. Mahrous Bin Laden
dirige aujourd'hui la branche du groupe familial
de Médine[1].

Et que dire également de cette coïncidence
avouée par Abdullah Mohammed Bin Laden, l'un
des plus jeunes frères d'Ossama Bin Laden, selon
lequel la famille Bin Laden verse chaque année
des dons importants à l'organisation d'entraide
islamique Oxford Trust for Islamic Studies[2],
lorsque l'on sait, on l'a dit plus haut, que cette
organisation a son siège à la même adresse londonienne que l'International Islamic Relief Organization (IIRO), réputée être l'un des principaux
centres de recrutement pour les réseaux terroristes d'Ossama Bin Laden ?

L'empire économique et financier des Bin
Laden a été fondé au début du siècle par le
patriarche, Mohammed Awad, né dans l'Hadramaut au Yémen, qui s'installera dès 1928 en Arabie Saoudite. Très tôt la famille est intimement liée
à l'émergence et à la formation du royaume wahhabite par le roi Abd al-Aziz.

C'est le roi qui donne le premier aux Bin Laden
les moyens de leur développement, en leur
confiant la construction d'une partie du palais
royal, puis en leur conférant l'exclusivité de la

1. « John Major link to Bin Laden dynasty », *The Sunday Herald*,
7 octobre 2001.
2. Interview sur CNN, 8 octobre 2001.

rénovation des lieux saints de La Mecque et de Médine.

Cette confiance mutuelle permet à la famille de nourrir tous les espoirs dans un royaume qui reste encore à bâtir.

Dès 1931, Mohammed Bin Laden fonde à Djeddah le Saudi Binladin Group (SBG) ou Binladin Organization [1], qui deviendra rapidement l'un des premiers entrepreneurs du royaume.

La proximité avec les souverains saoudiens explique également pourquoi les affaires de la famille se décident rarement dans les ministères ou dans les instances prévues à cet effet. Il n'y a pas d'appel d'offres pour les Bin Laden ! Les contrats sont traités directement avec le secrétaire particulier du roi et souvent autorisés par décret royal. Le groupe a même été durant plusieurs années le contractant officiel et unique pour les lieux saints du royaume, et les lieux saints de Jérusalem jusqu'en 1967. Mohammed Bin Laden en sera d'ailleurs récompensé par un poste de ministre des Travaux publics durant plusieurs années [2].

En échange de la bienveillance royale, le groupe rend d'éminents services au royaume, comme celui de former les membres de la famille royale aux rudiments de la finance et du commerce.

Ce groupe à l'actionnariat familial jouit d'une

---

1. IAC Company Intelligence, 2001 ; Saudi Binladin Group.
2. Source : Note déclassifiée de la CIA sur Ossama Bin Laden (non datée).

autre exclusivité, financière celle-là, qui constitue un indice supplémentaire de la puissance des Bin Laden en Arabie Saoudite. Il s'agit en effet d'un établissement et non d'une société, ce qui le dispense de la publication de tout bilan. Mais surtout, dans un pays où les bons du Trésor et les obligations n'ont pas cours, notamment parce que la loi coranique est stricte sur la notion d'intérêt, le SBG est la seule institution privée saoudienne à pouvoir émettre des obligations. Cette faculté va lui permettre d'asseoir son développement tout en conservant le contrôle de son actionnariat.

Depuis près de trente ans, le SBG a entamé sa diversification. Outre la construction, son cœur de métier qui représente la moitié de son chiffre d'affaires, le groupe est devenu progressivement un véritable conglomérat intervenant dans les secteurs de l'ingénierie, de l'immobilier, de la distribution, des télécommunications et de l'édition. Le SBG est également l'un des premiers employeurs du royaume, avec 5 000 salariés en 2000[1].

Une publication financière estimait son chiffre d'affaires en 1991 à 36 milliards de dollars, chiffre qui classerait le SBG dans les cent premières entreprises mondiales[2].

Le groupe bénéficie depuis l'origine, y compris après le décès de son fondateur en 1968, de l'appui constant des autorités saoudiennes. C'est l'une des raisons pour lesquelles de nombreuses socié-

1. The Major Companies Database, 2000.
2. « US Raids », *Middle East Economic Digest*, 4 septembre 1998.

tés internationales ont établi avec le SBG des relations de partenariat visant à faciliter leur implantation au Moyen-Orient. Dans les années 80, le
groupe représente notamment les intérêts de Audi
et Porsche en Arabie Saoudite. Le SBG nouera
également des partenariats avec des groupes internationaux de premier plan comme General Electric, Nortel Networks ou Cadbury Schweppes. Et
tous sont alors convaincus, à l'instar de General
Electric, que le groupe saoudien s'est «complète-
ment séparé d'Ossama Bin Laden».

De récentes révélations font également état
d'importants investissements familiaux dans des
structures financières de premier plan, comme le
groupe Carlyle (voir IVᵉ partie), dirigé par plusieurs anciens membres de l'administration de
George Bush père [1]. Selon le *New York Times*, la
direction de Carlyle a attendu le... 26 octobre pour
rompre ses liens avec la famille Bin Laden.

En 1995, le groupe Binladin aurait ainsi placé
deux millions de dollars auprès du Carlyle Partners 11 Fund, l'un des fonds d'investissement lon-
doniens du groupe Carlyle [2].

Le fonds a levé 1,3 milliard de dollars à cette
époque pour l'achat de plusieurs compagnies
aériennes. La famille Bin Laden aurait reçu à ce
titre des profits de 40 % sur son investissement ini-
tial.

1. «Bin Laden family is tied to US Group», *Wall Street Journal*,
27 septembre 2001.
2. «US President's father was in business with Bin Laden's
family», *Sunday Business Post*, 30 septembre 2001.

Carlyle est notamment actionnaire aux États-Unis de plusieurs groupes aéronautiques ou de défense comme Lockheed Martin et General Dynamic.

Parallèlement, le *Wall Street Journal* fait également état de liens ayant existé par le passé, outre dans le domaine pétrolier (voir IVᵉ partie), dans le secteur de la construction entre l'un des frères d'Ossama Bin Laden et George W. Bush, actuel président des États-Unis.

L'empire industriel, financier et politique des Bin Laden s'est renforcé avec l'arrivée aux commandes des fils du fondateur, disparu en 1968. La plupart sont éduqués en Égypte au sein du prestigieux Victoria College d'Alexandrie, l'un des derniers symboles de l'hégémonie britannique dans la région. L'établissement est fréquenté à l'époque par des élèves connus ou qui ne tarderont pas à l'être, comme le roi Hussein de Jordanie, les frères Kashoggi, Kamal Adham, futur chef des services de renseignement saoudiens, ou encore l'acteur Omar Sharif.

Tandis que ses frères et sœurs étudient dans les meilleures écoles privées britanniques et américaines, Ossama choisit de rester en Arabie Saoudite pour y étudier à l'Université du roi Abd al-Aziz.

À la mort de Mohammed en 1968, les biens familiaux sont répartis entre ses 23 femmes et ses 54 enfants, dont le dernier est né en 1967.

Les intérêts du groupe sont d'abord confiés à

Mohammed Bahareth, l'oncle maternel devenu tuteur des enfants, qui sont alors tous mineurs. Il était devenu au fil des années un conseiller financier écouté du patriarche. Ce n'est qu'en 1972 que le fils aîné Salem reprend les rênes de l'empire, assisté par un conseil composé de plusieurs frères et de Mohammed Bahareth.

De nombreuses rumeurs ont circulé sur l'implication de Salem Bin Laden dans l'affaire des ventes d'armes à l'Iran, dite de l'Irangate, puis dans l'aide qu'il aurait fournie à la résistance afghane. Cet intime du roi Fahd décédera en 1988 dans un accident d'avion au Texas.

À la suite de la mort accidentelle de Salem, l'aîné de la famille Bakr prend la succession, épaulé par ses treize autres frères, dont Mahrous. Trois frères émergent comme les véritables décideurs dans le groupe : Hassan, Yeslam and Yehia.

Les enfants de Mohammed Bin Laden sont issus de 23 mères, créant un effet de clan au sein même de la famille, tout en multipliant les contacts internationaux du groupe en raison des affinités nationales de chacun. Il existe ainsi le «groupe des Syriens» représenté par Bakr et Yehia ; le «groupe des Libanais» avec Yeslam, et le «groupe des Jordaniens». Abdulaziz, l'un des plus jeunes fils, appartient au «groupe des Égyptiens». Ossama Bin Laden est paradoxalement le seul enfant dont la mère est saoudienne.

Aux yeux des autorités, cette origine saoudienne en fera un interlocuteur digne de confiance qui, comme nous l'avons vu plus haut, devient progressivement l'intime du chef des services de renseignement, le prince Turki. Leurs relations sont si fréquentes et si évidentes au début des années 90 qu'il est d'abord perçu par les services de renseignement étrangers, notamment israéliens, comme un agent saoudien, sinon comme le véritable chef des services de renseignement saoudiens[1].

Les intérêts des Bin Laden sont si durablement liés à ceux du royaume que le soutien familial dont a bénéficié Ossama Bin Laden de manière directe ou indirecte n'a nécessairement pu exister qu'avec l'aval ou tout au moins la bienveillante neutralité du régime saoudien. C'est si vrai qu'Ossama Bin Laden avouera en 1995, de manière énigmatique, que lorsque les souverains saoudiens ont décidé de participer activement à la résistance islamique en Afghanistan, «ils se sont tournés vers [sa] famille[2]». La fidélité familiale au royaume impliquait aussi une contribution active à ses desseins les plus obscurs.

1. «Behind the veil», *The Jerusalem Report*, 3 juin 1993.
2. Interview non publiée à *France Soir*, 1995, citée in «Ben Laden, le milliardaire diabolique», *Le Point*, n° 1513, 14 septembre 2001.

11

La galaxie Bin Laden[1]

Sept décennies après sa création, le groupe familial SBG (Saudi Binladin Group) est aujourd'hui
dirigé par Bakr M. Bin Laden, né en 1947. Le
conseil d'administration du SBG est composé de
Saleh Gazaz, Mohammed Bahareth, Abdullah Bin
Said, Mohammed Nur Rahimi, Tarek Bin Laden,
Omar Bin Laden. Développé depuis Djeddah, il est
désormais présent sur tous les continents.

Le groupe comprend de multiples divisions et
filiales. Les principales holdings de tête sont les
suivantes, selon leur secteur d'activité : Binladin
Group International pour la construction, également présent en Égypte, Jordanie, au Liban, en
Malaisie et aux Émirats arabes unis ; Bemco pour
l'énergie ; Binladen-Bemco pour l'ingénierie électrique ; Mohammed Bin Laden Organization pour
les infrastructures ; Project Management & Development Co Real Estate Ltd pour l'immobilier ; Al

---

1. Toutes les structures et personnes citées dans le chapitre ne
peuvent en aucun cas être assimilés *a priori* et globalement aux activités terroristes dont est suspecté Ossama Bin Laden.

Salem Group pour l'industrie ; Mimar Industrial Group pour le textile, également présent au Liban, en Grande-Bretagne et en Espagne ; Casareen Contract Manufacturing pour la distribution de vêtements en Grande-Bretagne ; Palwa Beleuchtungs Gmbh et Palwa Iberica pour la cristallerie en Allemagne ainsi qu'en Espagne ; Hazar Media Group dans l'édition au Liban, en France, en Grande-Bretagne, aux Émirats arabes unis et en Égypte ; United Saudi Maintenance & Services Co pour la maintenance ; GFC et Casareen Retail International pour la distribution en Grande-Bretagne, en Malaisie, à Singapour, en Égypte, au Liban, en France et aux États-Unis ; Forship Ltd dans le transport de fret en Grande-Bretagne, en France, en Égypte et au Canada ; Binladin Telecommunications Co (devenu Baud Telecommunications en 1999) pour les télécommunications, et Middle East International Group (MEIG) en Suisse pour les relations publiques.

Le SBG dispose d'une antenne européenne, basée à Londres. La structure est dirigée par un Britannique, Leonard Cowking, et Bakr Bin Laden[1].

Leonard Cowking est également dirigeant aux côtés d'Akberali Mohammed Ali Moawalla de la société Turkey Rock UK Ltd[2], une filiale éloignée et opaque du SBG.

La filiale internationale du SBG, Binladin

1. Source : ICC Directors, 2001.
2. Source : ICC Directory of UK Companies, 1999 ; ICC Directors, 1999.

Group International (BGI), basée à Djeddah est également dirigée par Bakr Bin Laden (PDG), Yahia Bin Laden (directeur général), Omar Bin Laden (président) et Hasan Bin Laden (vice-président). Le directeur opérationnel pour les travaux publics et les aéroports est Abu Baker S. Al Hamed, la division des constructions est coordonnée par Ahmed M. Bin Laden, Henry M. Sarkissian est directeur des projets industriels et énergétiques. Mu'taz Sawwaf assure la direction de la division architecture et décoration d'intérieur, Abu Bakr Bin Ali Al Akhdar est directeur de la division pétrolière et minière, Shafiq M. Bin Laden est membre du conseil d'administration.

Hasan, vice-président du BGI, était également directeur d'Iridium Middle-East LLC, dont le groupe Binladen était actionnaire.

La filiale Binladen-Bemco and Mechanical Industrial and Power Contracting[1] intervient dans le domaine de l'ingénierie électrique. Elle est dirigée par Henry Cabrera et Bakr Bin Laden.

Parmi les membres de son conseil d'administration figurent Souren M. Sarkissian, Henry M. Sarkissian et Greg M. Sarkissian. La société a également comme actionnaire Binladen Bros for Contracting and Industry, dirigée par Bakr M. Bin Laden, lequel est actionnaire de Saudi Traffic Safety Ltd[2] et de Arabian Aerosurvey Company Ltd[3].

En Europe, la filiale Casareen Retail Internatio-

---

1. Source : IAC Company Intelligence, 2000.
2. Source : IAC Company Intelligence, 2000.
3. Source : IAC Company Intelligence, 2000.

nal Ltd [1] basée à Londres intervenait dans le secteur de la distribution. Elle était dirigée par trois Britanniques, Mark Adams, Thomas Payne et Nabella Khan, jusqu'à sa dissolution le 17 juillet 2001.

Cette dernière assure également des fonctions exécutives au sein de Capex Ltd [2]. Elle est également présente dans le conseil d'administration de Hazar Licensing & Marketing Ltd [3] et dans celui de Casareen Ltd [4], dirigée par Sadek Sawwaf.

Un établissement, Casareen France [5], a été créé le 6 octobre 1992. Installé à Courbevoie dans les Hauts-de-Seine, il a été dirigé par le Libanais Charles Nakhle, puis par Mohamad Kammourieh.

Le groupe SBG est également représenté en Europe par la société d'édition Hazar Publishing Ltd [6]. La société est dirigée par Basim Nicolas Ziadeh, l'homme d'affaires libanais. En France, les Éditions Hazar [7], également domiciliées à Courbevoie, assurent la représentation de la société sous la direction de Charles Nakhle.

Basim Nicolas Ziadeh est membre de la Conférence Nationaliste Arabe, composée notamment d'islamistes égyptiens. Il est proche, au sein du mouvement, de Mona Al-Solh, apparentée à Hisham Al-

---

1. Source : ICC Directory of UK Companies, 2000 ; ICC Directors, 2001.
2. Source : ICC Directors, 1998.
3. Source : ICC Directors, 1999.
4. Source : ICC Financial Analysis Reports, 1999.
5. Source : Greffe du tribunal de commerce de Paris, 1998.
6. Source : ICC Directory of UK Companies, 2001 ; ICC Directors, 2001.
7. Source : Greffe du tribunal de commerce de Paris, 1998.

Solh, fondateur avec Dalia Salaam Rhishani de la British Lebanese Association de Londres, qui mène des activités en collaboration avec la famille Azzam (Azzam Publications), soutenant ouvertement Ossama Bin Laden[1]. Basim Nicolas Ziadeh est également en relation au sein de ce mouvement avec Diaeddin Daoud, secrétaire général du Parti nassériste égyptien. Il fréquente la mosquée sunnite Al-Azhar du Caire (à rapprocher du nom de la maison d'édition qu'il dirige), notamment en décembre 1998 lorsque le mouvement a lancé un appel au Djihad contre les États-Unis. Diaeddin Daoud a été arrêté à deux reprises avec des membres des Frères musulmans (1977 et 1981). Ossama Bin Laden est lui-même de culture sunnite[2].

Mu'taz Sawwaf, Libanais qui dirige le BGI, assure également des fonctions de direction au sein de Dar Al Reisha for Publishing and Distribution Ltd, sise à la même adresse que Hazar Publishing à Londres, aux côtés de Mustafa Kamal Kassas.

Forship Ltd[3], basée à Londres, assure des services de transport de fret depuis 1989. La société est dirigée par Adnan Kronfol, Américain né le 1er mars 1947, et Omar Youssef Salhab (qui intervient dans plusieurs filiales françaises). En France, Forship[4] est représenté par le Libanais Nou had Gholam.

---

1. *Mideast Mirror*, 17 mai 1994.
2. Source : « The state of the arab nation », *Mideast Mirror*, 17 mai 1994.
3. Source : ICC Financial Analysis Reports, 1998.
4. Source : Greffe du tribunal de commerce de Paris, 1998.

Le SBG dispose également en Europe d'une filiale spécialisée dans les relations publiques, Middle East International Group — MEIG AG[1] — à Zurich (Suisse). La société, créée en 1998, est représentée par Hasan Bin Laden, Élisabeth Guggenheim et Pierre Guggenheim.

L'activité textile est également présente au travers de la filiale Mimar Trading Im Und Export Gmbh[2] en Allemagne. La société, créée en 1994, est dirigée par Mohammed Ghazi Ragheb. Sa filiale néerlandaise est Mimar Trading[3], dirigée par U. Ozdemir, né le 1er septembre 1970.

Enfin, l'activité de traitement du cristal est assurée à partir de l'Allemagne par la filiale directe Palwa Beleuchtungs Gmbh[4]. La société, créée le 30 mars 1987, est dirigée par Mohammed Ghazi Ragheb (dirigeant de Mimar Gmbh) et Ahmed Farid Al Azem, dont l'actionnaire est Basim Nicolas Ziadeh (directeur de Hazar Publishing à Londres et de Multimedia Ventures Ltd[5] à Londres avec Namir Michel Cortas — également présent dans Hazar Publishing).

Farid Al Azem, dirigeant de Palwa, est également dirigeant de la société Egyptian Finance Co[6] basée au Caire en Égypte. Cette entreprise d'investissements et de financement créée en 1974 a

1. Source : Creditreform Swiss Companies, 2001.
2. Source : Creditreform German Companies, 1999.
3. Source : MASAI, 2001.
4. Source : Creditreform German Companies, 2001.
5. Source : ICC Directors, 2001.
6. Source : IAC Company Intelligence, 2001.

pour principaux actionnaires American Express et le groupe saoudien Olayan. Son conseil d'administration est composé de Farid W. Saad, Mounir F. Abdelnour, Jamil W. Saad, Gilbert N. Gargour, Akram Abdul Hijazi et Élie Baroudi.

Le groupe Olayan est dirigé par Suliman Saleh Olayan, né le 5 novembre 1918 à Onaira (Arabie Saoudite), lié à Akram Ojjeh, Kamal Adham et Ghaith Pharaon.

Akram Abdul Hijazi, né le 14 septembre 1939, de nationalité grecque, dirige la société britannique Worldmass Ltd [1].

Élie Baroudi est membre du conseil d'administration de International Corporate Bank Inc [2], dont l'actionnaire est American Express.

Quant à Mounir Abdelnour et à son frère Fakhry Abdelnour, ils dirigeaient les sociétés Middle East Petroleum et Interstate, enregistrées au Panama, assurant au début des années 80 la fourniture de pétrole égyptien à l'Afrique du Sud en violation de l'embargo imposé par l'ONU [3].

Les opérations de contournement de l'embargo étaient coordonnées par le Strategic Fuel Fund sud-africain. Au cours de cette période, Fakhry Abdelnour était alors en relation avec l'intermédiaire Emmanuel Shaw, ancien ministre de l'Économie du Liberia, qui participa également à ces opérations par le biais de la société Tiger Oil (avec

---

1. Source : ICC Directors, 1999.
2. Source : IAC Company Intelligence, 1997.
3. Source : «South Africa's pariah cost to get oil likely higher due to gulf crisis», *Platt's Oilgram News*, 12 septembre 1990.

pour partenaire Marc Rich, marchand d'armes impliqué dans l'affaire de l'Irangate, recherché par le FBI jusqu'à la décision controversée du président Clinton de lever les poursuites à son encontre) [1].

Emmanuel Shaw dirige une société offshore, First Liberian Holdings, dont l'un des partenaires est Mazen Rashad Pharaon, frère de Ghaith Pharaon, né le 7 septembre 1940 en Arabie Saoudite, personnage central dans l'affaire de la BCCI. Mazen Rashad Pharaon est proche du chef d'État libyen, le colonel Muammar Kadhafi, pour le compte duquel il réaliserait des opérations de fourniture d'armes [2].

La fortune des frères Pharaon est essentiellement familiale, et provient de leur père Rashid, qui a été conseiller du fondateur de l'Arabie Saoudite, le roi Abd al-Aziz. Rashid Pharaon a occupé plusieurs postes diplomatiques en Europe entre 1948 et 1954. Ghaith Pharaon a été éduqué à Paris, au Liban, en Syrie, en Suisse ainsi qu'aux États-Unis où il obtient une spécialisation en ingénierie pétrolière. Au milieu des années 60, il est introduit auprès du responsable des services de renseignement saoudiens de l'époque, Kamal Adham, lequel le présente au fondateur de la BCCI, Agha Hasan Abedi, avec qui il réalise plusieurs investissements et pour lequel il sert de

1. Source : «Inquiry hears fund MD horrified by bribe he did not report», *Africa News*, 23 juin 1998 ; «South Africa : New order follows the bad old ways», *Africa News*, 12 décembre 1997.
2. Source : «Sheik Down», *Time*, 21 mars 1983.

paravent dans les opérations frauduleuses de la banque, notamment le rachat de la National Bank of Georgia (NBG) et celui de la Financial General Bankshares (FGB) avant la faillite de la BCCI en 1991. Kamal Adham dirigeait l'une des sociétés de Ghaith Pharaon, Attock Oil. En 1996, Ghaith Pharaon a cédé une partie de sa participation dans la BCCI à Khalid Salim Bin Mahfouz et à son frère, devenus actionnaires à hauteur de 20 % du capital.

Ghaith Pharaon est recherché par le FBI pour fraude dans le cadre de l'affaire de la BCCI ainsi que pour racket aux États-Unis. Il fait l'objet de mandats délivrés par plusieurs tribunaux de New York, de Washington, de Géorgie et de Floride ; et émis par le FBI et l'Internal Revenue Service (IRS) américain [1]. L'un des traits caractéristiques du Saudi Binladin Group est d'associer dans ses principaux investissements des personnalités de premier plan à des personnages controversés pour leur rôle dans des transactions douteuses.

La Bank of New York-Inter Maritime Bank [2] basée à Genève et dirigée par Bruce Rappaport a été impliquée dans les affaires de la BCCI et des ventes d'armes américaines à l'Iran (Irangate)

---

1. Source : « The BCCI Affair », Report to the Committee on Foreign Relations, United States Senate, Senator John Kerry and Senator Hank Brown, december 1992 — 102nd Congress 2nd Session Senate Print 102-140.
2. Source : Creditreform Swiss Companies, 1999 ; *The Bankers Almanach*, 1999.

dans lesquelles son président était le partenaire d'Oliver North, à l'époque chargé au Conseil national de Sécurité américain de l'organisation des transferts d'armes.

Inter Maritime Bank comptait notamment comme vice-président Alfred Hartmann, né le 21 février 1923, de nationalité suisse, ancien directeur de la Banque de Commerce et de Placements SA — BCP —, filiale de la BCCI, et membre du conseil d'administration de cette dernière. La BCP a notamment participé à plusieurs opérations frauduleuses de la BCCI. La banque dispose de plusieurs filiales spécialisées, en particulier la société britannique Inter Maritime Securities Underwriters Ltd[1], devenue Inter Maritime Management SA, sise à la même adresse que la banque.

Or cette dernière est affiliée à la branche libanaise de la National Commercial Bank[2] saoudienne, sise à Beyrouth. La banque saoudienne est dirigée par Khalid Bin Mahfouz, ancien directeur et actionnaire de la BCCI, soupçonné d'avoir financé les opérations d'Ossama Bin Laden (voir IVe partie).

Le 19 mai 1980, le SBG a formé en Suisse une filiale d'investissement dénommée Cygnet SA, devenue Saudi Investment Company (SICO)[3], sise à Genève, au capital de 1 million de francs suisses.

---

1. Source : ICC Directory of UK Companies, 1999.
2. Source : Association of Banks in Lebanon, database, 1999.
3. Source : Creditreform Swiss Companies, 1999.

La SICO est dirigée par Yeslam Bin Laden, le frère d'Ossama Bin Laden.

Ses administrateurs sont Baudoin Dunand, né le 5 décembre 1954 à Saint-Germain-en-Laye (France), Kjell Carlsson, né le 7 mars 1951 à Ludvikh (Suède), Franck Warren, Bruno Wyss, Charles Rochat, El Hanafi Tiliouine et Béatrice Dufour. Bruno Wyss dirige la société d'import-export automobile Sport-Garage Bruno Wyss à Zofingen en Suisse. Béatrice Dufour, d'origine iranienne, est la belle-sœur de Yeslam Bin Laden.

La société SICO (Saudi Investment Company) a été enregistrée par Magnin, Dunand & Associés [1], étude d'avocats créée en 1972, sise à Genève, comprenant, outre Baudoin Dunand, Jean-Jacques Magnin, né le 5 décembre 1940 à Genève (Suisse), Otto-Robert Guth, né le 22 novembre 1950 à Budapest (Hongrie) et Mohammed Mardam Bey, né le 19 octobre 1962 à Damas (Syrie).

La Saudi Investment Company a pris plusieurs participations variées dans des sociétés industrielles, parmi lesquelles CI Group Plc (construction métallique) [2], Johnsons Fry Holdings Plc (services financiers) [3], Starmin Plc (construction) — avec Talal y Zahid & Bros et Ahmed Abdullah [4] —,

---

1. Source : International Professional Biographies, Martindale-Hubbell Law Directory, 1999.
2. Source : Rapport annuel 1993 ; IAC Company Intelligence, 1997.
3. Source : IAC Company Intelligence, 1997.
4. Source : Rapport annuel 1992 et 1993 ; IAC Company Intelligence, 1997 ; *Investment Dealers Digest*, 1998.

Water Hall Group Plc (construction) — avec El-Kheireili Trading & Electronic et Goldenash Ltd [1].

Outre ces opérations, la SICO a réalisé d'autres investissements par le biais de la société Nicris Ltd, domiciliée à Genève, siège de l'étude Magnin, Dunand & Associés. La société est dirigée par Yahia Bin Laden, vice-président du Saudi Binladin Group basé à Djeddah.

La société Nicris est en effet un actionnaire de référence (18 %) du groupe pharmaceutique américain Hybridon Inc [2], dans le Massachusetts, dirigé par Eugene Andrews Grinstead, Sudhir Agrawal et Robert Andersen. Au mois de mars 1998, Yahia Bin Laden contrôlait au surplus 7,5 % du capital du groupe américain.

Outre Nicris Ltd, sont également entrées dans le capital les sociétés Intercity Holdings Ltd, basée aux Bermudes (14 %), Sedco de Djeddah (14 %), Pillar SA, société française (26 %) [3], et Faisal Finance Switzerland SA (7 %).

En 1997, Hybridon Inc a procédé au versement d'une somme de 1,034 million de dollars sur un compte de la Bank Fur Vermogensanlagen Und Handel (BVH BANK), enregistrée à Düsseldorf en Allemagne, quelques mois avant la faillite de la banque en novembre 1997 et l'ouverture par le

---

1. Source : Worldscope, 1999 ; Extel Cards Database, 1996 ; ICC Financial Analysis Reports, 1998 ; ICC Directors, 1998.
2. Source : US Securities and Exchange Commission, form S1, 23 décembre 1998 ; form SC13E4, 6 février 1998.
3. Source : Greffe du tribunal de commerce de Paris, 1999 ; ICC Directors 1998.

Parquet de Düsseldorf d'une information judiciaire pour banqueroute, blanchiment et escroquerie à l'encontre de son président, Dominique Santini, frère de l'ancien ministre français André Santini, procédure ayant donné lieu à une commission rogatoire internationale.

Dominique Santini est également administrateur de BAII Gestion, créé en 1984, organisme de placement en valeurs mobilières, filiale de la Banque Arabe et Internationale d'Investissement — BAII —, sise à la même adresse. La BAII était étroitement liée à la BCCI, puisque l'un de ses actionnaires a été la First Arabian Corp que les autorités fédérales américaines ont mise en lumière en 1991 en tant que paravent de la BCCI dans la tentative de rachat frauduleux de la banque américaine Financial General Bankshare par un groupe d'investisseurs composé de Kamal Adham, Faisal Al-Fulaij et Abdullah Darwaish.

De même, les autorités américaines établiront qu'en 1985 Ghaith Pharaon a pu procéder au rachat de l'institution Independence Bank grâce à un prêt accordé sur la foi d'une lettre de crédit de la BAII. En outre, le président de la BAII, Christian Lamarche, était l'un des directeurs et membre du conseil d'administration de la BCCI[1].

1. « The BCCI Affair », Report to the Committee on Foreign Relations, United States Senate, Senator John Kerry and Senator Hank Brown, december 1992 — 102nd Congress 2nd Session Senate Print 102-140.

Faisal Finance Switzerland SA est dirigé par Iqbal El Fallouji. Il s'agit d'une branche de la holding de financement islamique Dar Al Maal Al Islami (DMI) SA, sise à la même adresse en Suisse. DMI est dirigé par le prince Mohammad Al Faisal Al Saud.

Saudi Economic and Development Company Ltd (SEDCO) [1], basée à Djeddah en Arabie Saoudite, créée en 1976, est un groupe de distribution de matériel électrique et électronique dont le président est Mohammed Salim Bin Mahfouz, né le 24 juin 1944 en Arabie Saoudite. Son conseil d'administration est familial et comprend Khalid Salim Bin Mahfouz, Saleh Salim Bin Mahfouz, Abdullah Salim Bin Mahfouz et Ahmed Salim Bin Mahfouz.

Sa principale filiale, Al Khaleejia for Export, Promotion and Marketing Co ou Al Maddah Corp [2], installée à Djeddah, est dirigée par Waleed Bin Mahfouz. Cette société de publicité créée en 1977 est soupçonnée par les États-Unis d'avoir effectué des donations au profit d'Ossama Bin Laden.

En outre, la holding SEDCO est l'un des principaux actionnaires de Binladin Telecommunications Company Ltd [3] (devenue Baud Telecommunications) à Djeddah, dirigée par Saleh Bin Mahfouz.

Mohammed Salim Bin Mahfouz est le fondateur, avec Mohammed Saleh Affara, né le 21 juillet

1. Source : IAC Company Intelligence, 1999.
2. Source : IAC Company Intelligence, 1999.
3. Source : IAC Company Intelligence, 1999.

1934, de nationalité britannique, de International Development Foundation (IDF)[1] à Oxford en Grande-Bretagne.

De telles zones de porosité sont nombreuses dans l'univers des sociétés de la famille Bin Laden. Leur identification est souvent difficile en raison de la multiplication de sociétés écrans, mais de nombreux liens laissent supposer une proximité avec plusieurs réseaux imbriqués.

Yeslam Bin Laden a créé le 7 juillet 1998 à Genève une compagnie aérienne dénommée Avcon Business Jets Geneva SA[2] au capital de 100 000 francs suisses, installée à la même adresse que le siège de SICO. La société est une filiale de Avcon AG[3], créée en 1994, sise à Kloten en Suisse et dirigée par l'horloger Sandro Arabian, né le 3 mars 1941 à Genève (Suisse), résidant à Monaco.

Les administrateurs d'Avcon Business Jets sont Juerg Edgar Brand-Jud, de nationalité suisse ; Alfred Muggli, de nationalité suisse ; et la société Unitreva[4] à Zurich. Juerg Edgar Brand-Jud est présent dans le conseil d'administration de plusieurs compagnies aériennes aux côtés d'Alfred Muggli. Unitreva AG, également actionnaire d'Avcon AG, est dirigée par Rolf Peter Fuchs.

1. Source : ICC Directors, 1998 ; ICC Directory of UK Companies, 1998.
2. Source : Creditreform Swiss Companies, 1999.
3. Source : Creditreform Swiss Companies, 1999 ; « One stop service center for private planes expand to Gulf », *Moneyclips*, 8 décembre 1994.
4. Source : Creditreform Swiss Companies, 1999.

Juerg Edgar Brand-Jud dirige plusieurs sociétés, notamment Eunet AG[1] à Zurich ainsi que plusieurs sociétés basées à Zug : Eurofloats AG[2], G5 Executive Holding AG[3], Heliz Air Services AG[4], Poseidon Derivatives AG[5], Premiere Beteiligunden Gmbh[6], Facto Treuhand AG[7], Grocor Group AG[8] et Sky Unlimited AG[9].

Sandro Arabian contrôle plusieurs sociétés d'investissement et de promotion immobilière en Suisse ainsi qu'en France. La plus active est Sogespa Finance SA[10] à Neuchâtel, présidée par Pierre-Alain Blum, né le 31 juillet 1945 à Neuchâtel (Suisse), auquel sont associés Claude-André Weber et les sociétés Agenda Holding et Look Holding SA. En France, Sandro Arabian dirige la holding Parlook[11] à Nevers dont le conseil d'administration comprend Michel Vauclair, né le 29 mai 1947 à Rocourt (Suisse), et Bruno Finaz, né le 7 février 1951 à Lyon (France). La holding contrôle la société Look Cycle SA[12] à Nevers, dont les administrateurs sont Pierre-Alain Blum (président de Sogespa Finance), Bruno Finaz et John Jellinek, né le 30 mai 1945 à Chicago

---

1. Source : Creditreform Swiss Companies, 1999.
2. Source : Creditreform Swiss Companies, 1999.
3. Source : Creditreform Swiss Companies, 1999.
4. Source : Creditreform Swiss Companies, 1999.
5. Source : Creditreform Swiss Companies, 1999.
6. Source : Creditreform Swiss Companies, 1999.
7. Source : Creditreform Swiss Companies, 1999.
8. Source : Creditreform Swiss Companies, 1999.
9. Source : Creditreform Swiss Companies, 1999.
10. Source : Creditreform Swiss Companies, 1999.
11. Source : Greffe du tribunal de commerce de Paris, 1999.
12. Source : Greffe du tribunal de commerce de Paris, 1999.

(États-Unis). Les investissements de Sandro Arabian s'étendent également à la production audiovisuelle au travers des sociétés parisiennes SPAD[1] (avec Pierre-Alain Blum) et Simar Films[2]. Plusieurs de ces structures ont aujourd'hui disparu.

Sandro Arabian est également président de LK Holding[3] à Nevers, en liquidation judiciaire depuis 1998. La société a été dirigée par James Hamlin Mac Gee, né le 20 septembre 1940 à Salem, Dakota, États-Unis. Il a été, de 1984 à 1986, le responsable à l'étranger de la First Arabian Management Co Ltd (FAMCO)[4] à Boulogne-Billancourt, disposant d'une filiale britannique. La société d'investissement était dirigée par Pierre Levine, né le 27 décembre 1951 au Plessis-Robinson (France) de nationalité française. First Arabian Co, dont les actionnaires étaient le prince Abdullah Bin Musaid d'Arabie Saoudite et Salem Bin Laden, dirigée à partir de 1974 par Roger Tamraz, a été au cœur du scandale de la BCCI. Roger Tamraz a notamment réalisé des investissements avec Kamal Adham, l'un des partenaires de Ghaith Pharaon et Khalid Bin Mahfouz[5].

James Hamlin Mac Gee est en outre administrateur de la Société Occidentale pour la Finance et l'Investissement (SOFIC) à Neuilly-sur-Seine. Il

1. Source : Greffe du tribunal de commerce de Paris, 1999.
2. Source : Greffe du tribunal de commerce de Paris, 1999.
3. Source : Greffe du tribunal de commerce de Paris, 1999.
4. Source : Greffe du tribunal de commerce de Paris, 1999.
5. Source : «Arab investor cites Kaiser's expertise», *New York Times*, 26 mars 1981.

s'agit d'une société de placement en valeurs mobilières dirigée par Jean-Pierre Calzaroni, né le 29 août 1940 au Cambodge, et Peter Bunger, né le 25 octobre 1940 à Magdebourg en Suisse.

Parallèlement à l'établissement de SICO, des structures offshore ont été mises en place par le SBG aux îles Caïmans, aux Antilles néerlandaises ainsi que dans les îles Britanniques. Ces structures ont été créées par le même cabinet genevois. Il s'agit de SICO Curaçao (Antilles néerlandaises), dont la présidence est assurée par Yeslam Bin Laden et dont les administrateurs sont Saleh Bin Laden, Béatrice Dufour et Charles Tickle, Falken Ltd (îles Caïmans), Tropiville Corp NV (Antilles néerlandaises) et Islay Holdings (île d'Islay). Charles Tickle est le PDG de la société immobilière américaine Daniel Corp aux États-Unis.

Ces structures intermédiaires ont permis la création de filiales au cours des années 80 : Saudi Investment Co — SICO — (London) Ltd, créée le 15 novembre 1984, dissoute le 15 décembre 1992 ; Saudi Investment Company — SICO — (UK) Ltd à Bristol enregistrée le 2 août 1985, dissoute le 15 mai 1990 ; et SICO Services Ltd sise à la même adresse que la première, enregistrée le 27 septembre 1985, dissoute le 19 décembre 1989.

Ces structures ont progressivement été substituées par la société d'investissement Russell Wood Holdings Ltd [1], filiale commune de Tropiville Corp

---

1. Source : ICC Financial Analysis Reports, 1998.

et de Falken Ltd. Sise 30, Great Guildford Street à Londres, la société a été créée le 17 février 1987. Elle comprend Hanafi Tiliouine (présent dans le conseil d'administration de SICO à Genève), et Akberali Mohammed Ali Moawalla, né le 9 avril 1949 en Tanzanie.

Russell Wood Holdings Ltd a créé le 9 juin 1987 une filiale dénommée Russell Wood Ltd[1] dont les dirigeants sont Akberali Mohammed Ali Moawalla (dirigeant de Russell Wood Holdings Ltd), John Cyril Dorland Pilley, né le 25 janvier 1935 en Grande-Bretagne, et Seng Hock Yeoh, né le 2 mai 1951 en Malaisie.

Akberali Mohammed Ali Moawalla avait créé le 8 mai 1984 la société Teqny Ltd[2] avec Sajjad Jiwaji, né le 25 septembre 1956, de nationalité britannique, puis le 30 avril 1985 la société d'investissement Lonshare Nominees Ltd[3], sises à Londres.

Akberali Mohammed Ali Moawalla est parallèlement l'un des directeurs de Saudi Binladin International Sdn Bhd, filiale malaisienne du Saudi Binladin Group dont le président est Omar Bin Laden[4].

Russell Wood Ltd a suscité un réseau enchevêtré de sociétés d'investissement à partir de l'année

1. Source : ICC Financial Analysis Reports, 1998 ; ICC Directors, 1998.
2. Source : ICC Financial Analysis Reports, 1997 ; ICC Directors, 1998.
3. Source : ICC Directory of UK Companies, 1998 ; ICC Directors, 1998.
4. Source : « No link between firm and Osama », *New Straits Times Malaysia*, 17 décembre 1998.

1987. Il s'agit des structures suivantes : Globe Administration Ltd[1], créée le 29 octobre 1987 à Londres, filiale de Islay Holdings dont le directeur est Akberali Mohammed Ali Moawalla[2]; Falcon Capital Management Ltd[3], créée le 9 mai 1988 à Londres (au siège de Russell Wood), et dirigée par Akberali Mohammed Ali Moawalla; Falcon Capital Nominees Ltd[4], créée le 9 mai 1988 à Londres, et dirigée par Akberali Mohammed Ali Moawalla; Falcon Properties Ltd aux Bahamas; Turkey Rock UK Ltd[5] (anciennement Tyrolese 350 Limited), créée le 20 février 1996 à Londres, dont l'un des administrateurs est Leonard Cowking (représentant du Saudi Binladin Group en Europe); et Safron Advisors UK Ltd[6] (anciennement Tyrolese 359 Limited), créée le 17 mai 1996 à Londres, dirigée par Akberali Mohammed Ali Moawalla et Basil Mehdi Al Rahim, né le 14 juin 1953, de nationalité américaine.

Les fonds d'investissements Tyrolese ont pour principal actionnaire la société First Arabian Management Holding Ltd, enregistrée aux Antilles néerlandaises. Sa filiale britannique, First

1. Source : ICC Financial Analysis Reports, 1998; ICC Directors, 1998.
2. Source : ICC Directors, 1998.
3. Source : ICC Directory of UK Companies, 1998; ICC Directors, 1998.
4. Source : ICC Directory of UK Companies, 1998; ICC Directors, 1998.
5. Source : ICC Directory of UK Companies, 1998; ICC Directors, 1998.
6. Source : ICC Directory of UK Companies, 1998; ICC Directors, 1998.

Arabian Management Co (UK) Ltd, est dirigée par
Colin Granville Murray. L'enregistrement men-
tionne également comme holdings les sociétés
FAMCO SA (Arabie Saoudite) et FAMCO Panama.
FAMCO avait comme actionnaire Salem Bin
Laden et le prince Abdullah Bin Musaid d'Arabie
Saoudite.

Cet enchevêtrement de sociétés, s'il est destiné
à opacifier des réseaux financiers, n'en est pas
moins révélateur de liens troublants entre des
réseaux douteux connus croisant des sociétés
impliquées dans des relations commerciales nor-
males, mais également des structures mises en
place pour masquer durablement des transferts
financiers douteux.

La famille Bin Laden a donc le goût du secret.
Ce penchant est peut-être l'une des raisons de la
longévité de sa relation privilégiée avec les plus
hautes autorités du royaume saoudien. Depuis
plus de soixante-dix ans, aucune des « affaires » de
la famille, qu'il s'agisse de l'arrestation de Mahrous Bin Laden à la fin des années 70, en passant
par la participation de membres de la famille au
scandale de la BCCI, jusqu'à « l'entrée en terrorisme » d'Ossama Bin Laden, rien n'a pu ébranler
le groupe familial.

Les enjeux partagés par le royaume et la famille
Bin Laden sont tels qu'ils assurent durablement la
stabilité des relations entre les deux entités.

Une anecdote veut qu'un sous-traitant du
groupe familial, ayant accordé une interview à un

journal économique dans laquelle il donnait des détails sur le projet en cours, a vu son contrat purement et simplement annulé.

Les Bin Laden tiennent trop à leurs privilèges et à la sécurité que leur procure le royaume saoudien pour dévoiler ne serait-ce qu'une infime parcelle de sa face cachée. Cette face-là, ils la partagent nécessairement avec un royaume qui tolère depuis des années l'action de l'un de ses fils dans la promotion planétaire de l'islamisme radical.

À cet égard, comment peut-on légitimement soutenir qu'il n'existe plus aucune relation entre la famille Bin Laden et Ossama, lorsque cette même famille entretient des relations économiques étroites et suivies depuis des années avec la famille de son beau-frère, Khalid Bin Mahfouz, accusé d'avoir injecté jusqu'à ces derniers mois des millions de dollars pour soutenir les activités terroristes d'Ossama Bin Laden ? Les membres de ces familles sont de la même génération, ils siègent dans les mêmes conseils d'administration, partagent les mêmes investissements. Comment pourraient-ils ignorer leurs activités publiques respectives ?

Il existe au royaume du pétrole roi une denrée plus répandue encore. Il s'agit de l'hypocrisie dont l'Arabie Saoudite abreuve l'Occident.

IV

Khalid Bin Mahfouz : une fortune au service du terrorisme

12

Le banquier de la terreur

Khalid Bin Mahfouz n'est pas de ces banquiers au style british irréprochable que l'on croise à la City, à l'allure mondaine et fiers de leurs succès. À 73 ans, c'est un homme discret, timide, qui ne se montre que très rarement en public. Malade du diabète depuis plusieurs années, il reste figé derrière ses grosses lunettes et son épaisse moustache, comme s'il se méfiait de tout ce qui est étranger à son monde.

Fils du fondateur de la première banque d'Arabie Saoudite, la National Commercial Bank (NCB) fondée en 1950, sa discrétion est aussi grande que sa puissance dans ce royaume dont il finance toutes les extravagances, à commencer par le siège de la NCB à Djeddah. Un monument en soi. Un bâtiment triangulaire de 27 étages posé au bord de la mer Rouge en 1983, d'où il domine la ville, la mer et le désert.

Sa famille est l'une des plus influentes d'Arabie Saoudite. À l'instar de la famille Bin Laden, les Bin Mahfouz sont originaires de la province d'Hadramaut au sud du Yémen. Issus d'une longue tradition de marchands, ils émigrèrent au début du siècle en Arabie Saoudite pour aider à la fondation du royaume. Cette démarche originale est l'une des raisons pour lesquelles la famille Bin Mahfouz est aussi l'une des plus proches des souverains saoudiens.

Le patriarche, Salim Bin Mahfouz, né en 1909, s'est établi en Arabie Saoudite en 1922. Durant la Seconde Guerre mondiale, il est agent de change à Djeddah, où il est remarqué pour ses talents de négociateur.

Sous le patronage d'une autre famille de marchands, les Kaaki, Salim Bin Mahfouz apprend vite, diversifie les services du bureau de change et bâtit l'embryon d'un véritable système bancaire privé. Les deux familles Mahfouz et Kaaki obtiendront ainsi en 1950 la licence leur permettant de constituer le premier établissement bancaire commercial du pays, la National Commercial Bank (NCB), qui restera contrôlée à plus de 50 % jusqu'en 1999 par les deux familles[1].

Salim Bin Mahfouz a été récompensé en 1997 au titre de sa carrière bancaire par l'association des banquiers arabes d'Amérique du Nord (Abana). Parmi les anciens présidents de l'association basée à New York figurent notamment Talat M. Othman, Camille A. Chebeir et Ziad K. Abdelnour[2], plu-

---

1. « NCB net profit edges up in 1998 », *Middle East Economic Digest*, 9 juillet 1999 ; « NCB names twenty owners under new arrangement », *Moneyclips*, 18 juin 1997 ; « NCB moves towards public ownership », *Financial Times*, 5 mai 1997.
2. Arab Bankers Association of North America, 2000.

sieurs personnages clés dans la carrière de Khalid Bin Mahfouz.

Un demi-siècle après l'ouverture de la National Commercial Bank, la famille Bin Mahfouz est l'une des premières fortunes du monde, avec des actifs estimés à 2,4 milliards de dollars en 1999[1].

Salim puis Khalid Bin Mahfouz ont su se rendre incontournables aux yeux du régime saoudien, multipliant les investissements dans tous les pays où l'influence religieuse de l'Arabie Saoudite devait être affirmée. La National Commercial Bank est désormais la banque de la famille royale saoudienne et l'une des plus rentables avec 450 millions de dollars de profits annoncés pour l'année 2000[2]. En 1989, Khalid Bin Mahfouz a même été nommé au Conseil suprême d'Aramco par le roi Fahd.

Il s'est établi dans le monde entier, y compris aux États-Unis où il possède une luxueuse résidence secondaire à Houston au Texas, devenue avec l'exploitation pétrolière la «seconde Mecque pour les Saoudiens», comme dira en 1981 le *Washington Post*[3].

Marié à Naila Abdulaziz Kaaki, Khalid Bin Mahfouz a trois enfants, Sultan Bin Mahfouz, né en 1973, Abdul Rahman et Iman.

Au décès de son père Salim en 1994, Khalid a

1. «Billionaires», *Forbes*, 28 juillet 1997 et 5 juillet 1999.
2. *The Banker*, 1ᵉʳ mars 2001.
3. «The Saudi Connection : The Next Best Thing to Mecca is Houston ; Houston as the Mecca for the Saudis», *Washington Post*, 19 avril 1981.

repris les rênes de l'empire. Et l'empire des Bin Mahfouz est vaste comme le monde. Il couvre les principaux secteurs d'activité en Arabie Saoudite ainsi qu'à l'étranger, notamment dans le domaine bancaire, agricole, pharmaceutique, téléphonique...

La présence économique des Bin Mahfouz s'est établie à partir de trois principales holdings basées à Djeddah en Arabie Saoudite : la National Commercial Bank[1], Nimir Petroleum Limited[2] et Saudi Economic and Development Company Ltd (SEDCO). Sur cette base, Khalid Salim Bin Mahfouz et sa famille disposent d'actifs majoritaires dans près de 70 structures dans le monde.

Il s'agit d'établissements financiers comme la SNCB Corporate Finance Limited[3], Jordan International Bank en Grande-Bretagne, SNCB Securities Limited en Grande-Bretagne et aux États-Unis[4], Langdon P. Cook[5] et Eastbrook aux États-Unis[6], Arab Asian Bank[7], Arab Financial Services Company[8], Trans Arabian Investment Bank[9], Capital Investment Holding et Taib Bank à Bahreïn ; Yatrim Bank en Turquie, Middle East Capi-

1. *The Bankers Almanach*, 1999.
2. ICC Directors, 1999 ; «Saudi Aramco-Nimir Petroleum Company Limited», *APS Review Downstream Trends*, 24 novembre 1997.
3. ICC Directors, 1998.
4. ICC Directors, 1998.
5. «Bin Mahfouz family», *Forbes*, 25 juillet 1988.
6. «Bin Mahfouz family», *Forbes*, 25 juillet 1988.
7. *The Bankers Almanach*, 1999.
8. IAC Company Intelligence, 1997.
9. IAC Company Intelligence, 1997.

tal Group[1], Crédit Libanais[2], United Bank of Saudi and Lebanon[3] et First Phoenician Bank au Liban ; Prime Commercial Bank[4] au Pakistan ; Middle East Financial Group et International Trade and Investment Bank au Luxembourg ; Housing Bank[5] et Industrial Development Bank en Jordanie, Yemen Holdings[6], International Bank of Yemen[7], Saudi Sudanese Bank[8], Saudi Sudanese Commercial Co et Saudi Sudanese Solidarity Investment Co au Soudan ; Delta International Bank en Égypte[9].

Dans le domaine industriel, les Bin Mahfouz sont implantés en Arabie Saoudite au travers des sociétés Al Murjan, Al Zamil[10], Red Sea Insurance[11], Saudi Davy Company[12], Saudi International Group[13], Saudi Tarmac Company[14], Saudi Industry and Development Co, Health Care Technologies International, Al Hikma Medical Supplies

1. MECG, 1999.
2. « Dubai group invests in Lebanese bank », *Middle East Economic Digest*, 13 février 1998.
3. IAC Company Intelligence, 1997.
4. *Prime Commercial Bank*, 1999 ; *The Bankers Almanach*, 1999.
5. *The Bankers Almanach*, 1999.
6. « PSA takes equity stake in Aden terminal project », *Business Times Singapore*, 22 octobre 1997.
7. IAC Company Intelligence, 1997.
8. *The Bankers Almanach*, 1999.
9. *The Bankers Almanach*, 1999 ; IAC Company Intelligence, 1997.
10. « Family firms start to share their riches », *Middle East Economic Digest*, 31 juillet 1998.
11. IAC Company Intelligence, 1997.
12. IAC Company Intelligence, 1997.
13. IAC Company Intelligence, 1997.
14. IAC Company Intelligence, 1997.

and Services Co, Saif Noman Said and Partners, Al Khaleejia for Export Promotion and Marketing (Al Maddah Corp)[1], Binladin Telecommunications Company[2] (en partenariat avec la famille Bin Laden).

En Europe, l'activité industrielle est également représentée par AAK Properties Limited[3] en Grande-Bretagne.

Aux États-Unis, les Bin Mahfouz disposent de participations parfois importantes dans plusieurs sociétés dont Metrowest, Isolyser ou la firme pharmaceutique Hybridon Inc.

Dans le secteur pétrolier, Nimir Petroleum est implanté en Arabie Saoudite et en Grande-Bretagne. La société est également présente aux États-Unis avec Arabian Shield Development Co[4].

D'autres sociétés du groupe sont pilotées au travers de structures basées dans des centres offshore comme Intercity Holdings Limited aux Bermudes et HTI Investment Limited aux Antilles néerlandaises.

Enfin, la famille Bin Mahfouz est présente dans une organisation caritative en Grande-Bretagne, International Development Foundation.

Khalid Bin Mahfouz a été un personnage central de l'affaire de la BCCI. Entre 1986 et 1990, il a été l'un de ses principaux dirigeants, en qualité

1. IAC Company Intelligence, 1997.
2. IAC Company Intelligence, 1997.
3. ICC Directors, 1999.
4. Standard & Poor, 1999 ; SEC filings

de directeur opérationnel[1]. Sa famille détenait alors 20 % du capital de la banque[2].

À ce titre, il est inculpé aux États-Unis en 1992 pour fraude fiscale dans le cadre de la faillite frauduleuse de la banque[3]. En 1995, tenu solidairement responsable dans le cadre de la faillite de la BCCI, il a accepté une formule transactionnelle consistant dans le versement d'une amende de 245 millions de dollars aux créanciers de la banque permettant d'indemniser une partie des clients. Les accusations portaient en particulier sur des malversations financières et des infractions aux lois bancaires américaine, luxembourgeoise et britannique.

La BCCI, qui défraya la chronique financière au cours des années 90[1], est au cœur du système financier mis en place par les principaux soutiens d'Ossama Bin Laden.

La Bank of Credit and Commerce International a été fondée le 29 novembre 1972 par un Pakistanais, Agha Hasan Abedi, issu d'une famille de chiites musulmans.

Diplômé en droit, il effectue sa carrière dans le

---

1. ICC Directors, 1998; «The BCCI Affair», Report to the Committee on Foreign Relations, United States Senate, Senator John Kerry and Senator Hank Brown, december 1992 — 102nd Congress 2nd Session Senate Print 102-140.
2. «A rich man whose reputation was on the rocks», *The Irish Times*, 4 octobre 1997.
3. Manhattan District Attorney, 2 juillet 1992.
4. Voir notamment James Adams et Douglas Frantz, *A Full Service Bank. How BCCI stole billions around the world*, Pocket Books, 1992.

secteur bancaire, notamment au sein d'Habib
Bank. Après la partition de l'Inde, Abedi rejoint
Karachi au Pakistan à la fin des années 50. Il y rencontre Yusif Saigol, héritier d'une grande famille
de marchands, qui financera la création de United
Bank Ltd. Profitant de la crise économique du pays
et de la dépendance arabe à l'égard de la main-
d'œuvre pakistanaise, il parvient à convaincre en
1966 les autorités d'Abu Dhabi d'ouvrir une succursale dans le royaume et d'assurer la gestion
financière des travailleurs pakistanais.

La volonté d'Agha Hasan Abedi de constituer
une institution financière internationale capable
d'incarner et d'appuyer la vitalité économique des
pays arabes face aux grandes banques occidentales
s'appuiera sur deux piliers : l'encadrement pakistanais et le soutien financier des émirats. Afin d'assurer l'indépendance de la BCCI, Abedi décide de
créer deux holdings regroupant l'ensemble des
succursales. BCCI Holdings SA est enregistrée au
Luxembourg en 1972, tandis que BCCI SA est
enregistrée aux îles Caïmans en 1975.

Parallèlement, un fonds d'actionnariat des salariés est créé aux îles Caïmans, International Credit
and Investment Company Holding.

Les fondateurs obtiennent également le soutien
de la Bank of America pour accroître l'assise internationale de la BCCI. Désireuse d'étendre sa présence dans les pays du Golfe, la banque prend une
participation de 25 % dans le capital de la BCCI
pour un montant de 2,5 millions de dollars. Elle
devient actionnaire aux côtés du cheikh Zayed Bin

Sultan Al-Nahayan, de Kamal Adham, l'ancien chef des services de renseignement d'Arabie Saoudite, de Faisal Al-Fulaij, président de Kuwait Airways, et des souverains des différents émirats composant les Émirats arabes unis.

La croissance de la banque est rapide, la crise pétrolière constituant un levier d'expansion important. En 1988, la BCCI comptera 400 succursales dans 73 pays. Dès sa création, la BCCI adopte cependant des modes de financement anormaux, tels que l'attribution de prêts élevés sans garantie réelle en contrepartie de versements en capital selon le procédé du *loan back*. Ainsi, les principaux bénéficiaires de prêts étaient les actionnaires eux-mêmes, Kamal Adham (300 millions de dollars) et la famille Gokal (80 millions de dollars).

La BCCI entend également s'implanter aux États-Unis, au cœur de la finance occidentale. En 1976, elle tente de racheter la National Bank of Georgia en accord avec son président, Thomas Bertram Lance, proche de Jimmy Carter, devenu directeur du budget du président américain. Les accords passés avec la Bank of America s'opposent cependant à une prise de participation sur le sol américain. Les négociations étaient alors conduites par deux avocats américains, Clark M. Clifford et Robert Altman, proches de Lance. En 1977, la participation de la Bank of America est rachetée par la BCCI et Ghaith Pharaon (pour 34 millions de dollars). La même année, la BCCI tente de racheter la banque américaine Chelsea

National Bank. L'offre est présentée par la famille
Gokal, la BCCI agissant comme conseiller financier Les liens avec la BCCI entraînent le refus des
autorités de régulation américaines. L'obligation
de contrôle sur toute banque étrangère investis-
sant aux États-Unis ne pouvait être respectée en
raison de l'enregistrement de la BCCI dans des
pays ne disposant pas de règles de contrôle suffi-
santes.

Ghaith Pharaon, qui possède déjà des intérêts
dans plusieurs banques à Detroit et Houston,
acquises avec le soutien ou en partenariat avec
l'ancien gouverneur du Texas John Connally, est
alors mis en relation avec Lance. Pharaon disposait de plusieurs investissements hôteliers en Arabie Saoudite avec Kamal Adham, et Abedi lui avait
assuré la prise de contrôle d'Attock Oil au Pakistan avec l'appui des autorités et de son président,
T.A.T. Lodhi, pour le transfert du contrôle à
Kuwait International Finance Company (KIFCO)
dirigée par Ghaith Pharaon, Kamal Adham, Faisal
Al-Fulaij et Abdullah Darwaish.

Ghaith Pharaon se porte acquéreur en 1977 de
la National Bank of Georgia, et nomme Roy Carl-
son, ancien de la Bank of America, au poste de
directeur de la banque. Il s'avérera par la suite que
la BCCI avait accordé un prêt à Ghaith Pharaon
pour cet investissement, et que ce dernier agissait
comme paravent pour la banque.

À la fin de l'année 1977, Jack Stephens, proche
de Lance et de Jimmy Carter, et Eugene Metzger
recherchaient un repreneur pour Financial Gene-

ral Bankshares. La BCCI décide de se porter acquéreur en étant représentée par un groupe d'investisseurs composé de Kamal Adham, Faisal Al-Fulaij, Cheikh Sultan Bin Zayed Sultan Al-Nahayan et Abdullah Darwaish. Le groupe procède par rachat de titres en violation de l'obligation de déclaration. Les autorités fédérales imposent alors la cession des titres acquis. Afin de contourner cette difficulté, les intéressés établissent en 1978 la Credit and Commerce American Holdings (CCAH) aux Antilles néerlandaises dont la direction est confiée à Clark Clifford, Robert Altman, Jack W. Beddow et A. Vincent Scoffone. La holding annonce en 1980 le rachat de Financial General Bankshares, approuvé en 1982 par les autorités fédérales après qu'elles eurent reçu des assurances concernant l'absence de relations capitalistiques avec la BCCI. La banque, devenue First American Bank, est dirigée par Clark Clifford, Robert Altman et Aijaz Afridi. Ce n'est qu'en 1991 que les autorités fédérales mettront au jour l'existence d'un prêt accordé à la CCAH par la Banque Arabe et Internationale d'Investissement, dirigée par Yves Lamarches, institution française étroitement liée à la BCCI. Le prêt de 50 millions de dollars était garanti par une filiale de la BCCI aux îles Caïmans. En outre, l'un des actionnaires de la CCAH était Mashriq Corp, filiale de la BCCI. Enfin, de 1980 à 1989, la BCCI avait accordé des prêts à la CCAH pour un montant total de 856 millions de dollars.

En 1985, Ghaith Pharaon procédera au rachat

de l'institution américaine Independence Bank
grâce à un prêt accordé sur la foi d'une lettre de
crédit de la Banque Arabe et Internationale d'Investissement. En 1986, il cédera une partie de sa
participation dans la BCCI à Khalid Bin Mahfouz
et à ses frères qui deviennent actionnaires à hauteur de 20 % du capital. Ce qui ne l'empêchera
pas de faire l'objet de deux mandats d'arrêt internationaux délivrés par le FBI et l'Internal Revenue
Service américain en 1991 pour fraude fiscale dans
le cadre de l'affaire de la BCCI ainsi que pour racket aux États-Unis [1].

Outre des prises de participation, la BCCI ouvre
également plusieurs bureaux de représentation
aux États-Unis dirigés par Amjad Awan. En Suisse,
la BCCI disposait d'une filiale, la Banque de Commerce et de Placements, dirigée par Franz Maissen
et Azizullah Chaudhry.

À partir du milieu des années 80, d'autres activités frauduleuses ont été attribuées à la BCCI.
Ainsi, dès 1985, la banque était condamnée par les
autorités américaines au versement d'une amende
de 4,7 millions de dollars pour fraude et non-divul-
gation du transfert de 12 milliards de dollars.

Les autorités fédérales américaines ont mis au
jour une vaste opération d'évasion fiscale et de
blanchiment de la part de la BCCI à l'issue d'une

1. Source : «The BCCI Affair», Report to the Committee on
Foreign Relations, United States Senate, Senator John Kerry and
Senator Hank Brown, december 1992 — 102nd Congress 2nd Ses-
sion Senate Print 102-140.

enquête clandestine du service des douanes ayant notamment conduit à l'arrestation et la condamnation de Khalid Amjad Awan et Nazir Chinoy. Deux trafiquants de drogue colombiens, Rudolf Armbrecht et Gonzalo Mora, ont également été arrêtés dans ce cadre et condamnés en 1990. La BCCI procédait notamment par le transfert de dépôts vers des filiales au Panama sur le compte de sociétés ou par la mise à disposition de prêts consentis par la BCP en Suisse en contrepartie de versements en numéraire effectués à Miami aux États-Unis. Ces opérations étaient réalisées alors que la banque avait été informée de l'origine criminelle des sommes concernées.

En 1988, une succursale de la BCCI en Colombie, située dans le village du trafiquant Pablo Escobar, a été accusée d'avoir accordé un prêt à ce dernier pour le financement de l'assassinat d'un magistrat colombien.

À la suite de l'arrestation de Manuel Noriega en 1989, les autorités judiciaires américaines révéleront que la BCCI, notamment Amjad Awan, était chargée de la gestion des comptes personnels de l'ancien dictateur, ainsi que de plusieurs trafiquants de drogue au Panama. La BCCI a participé à la tentative d'évasion de 23 millions de dollars des comptes de Manuel Noriega. Les relations entre la BCCI et plusieurs trafiquants d'armes ainsi qu'avec Abu Nidal, dont une succursale londonienne gérait les comptes secrets, ont également été établies. La BCCI assurait notamment les opérations financières du marchand d'armes irakien

Samir Najmadeen, ainsi que celles d'Adnan Kashoggi, proche de Kamal Adham, dans le cadre des ventes secrètes d'armes à l'Iran alors qu'il était en relation avec Manucher Ghorbanifar, intermédiaire iranien.

En 1987, la BCCI aurait financé l'achat d'acier à haute résistance au profit du général Inam Ul-Haq, responsable du programme pakistanais d'armes nucléaires. La banque aurait également financé la création d'un centre de recherche de haute technologie dirigé par A. Qadir Khan, responsable de la recherche nucléaire pakistanaise.

Au Pérou, les autorités du pays révélèrent que la BCCI avait versé des commissions d'un montant de 3 millions de dollars entre 1986 et 1987 au gouvernement de l'époque en contrepartie du dépôt sur un compte au Panama de 250 millions de dollars destinés à induire en erreur les organisations internationales sur la situation financière du pays.

L'absence d'autorités de contrôle financier sur les opérations de la BCCI, en raison de son enregistrement dans des pays complaisants, a largement contribué à l'impunité dont a bénéficié la banque jusqu'en 1990. Selon un audit réalisé par Price Waterhouse en 1990, les prêts aux actionnaires dans le cadre de la politique de *loan back* s'élevaient en 1989 à 2 milliards de dollars. Les principaux bénéficiaires étaient la famille Gokal pour 705 millions de dollars en contrepartie de garanties d'un montant de 65 millions de dollars, Ghaith Pharaon pour 288 millions de dollars garantis par les 11 % du capital détenus par son frère Wabel, et Khalid Bin Mahfouz pour 152,5 millions de dollars en contrepartie d'un versement de 150 millions de dollars au capital de la banque en 1986. Price Waterhouse devait rendre en 1991 un rapport alarmiste faisant état de pertes évaluées entre 5 et 10 milliards de dollars.

Les interventions ponctuelles du souverain d'Abu Dhabi, dont les aides financières à la banque s'élevaient à plus de 1 milliard de dollars au total, et qui en était devenu le principal actionnaire, ne suffisaient plus à redresser la situation.

Le 2 juillet 1991, les autorités de régulation des États-Unis, de la Grande-Bretagne, de la France, de l'Espagne ainsi que les autorités administratives suisses et luxembourgeoises décidaient la liquidation de la banque, mesure mise à exécution le 5 juillet. Le 29 juillet, le District Attorney de New York inculpait les principaux responsables de la banque pour fraude. La BCCI fut condamnée au versement d'une amende de 550 millions de dollars.

« Le banquier le plus puissant du Moyen-Orient », comme l'avait écrit la commission sénatoriale américaine sur la BCCI à propos de Khalid Bin Mahfouz en 1992[1], est en réalité à la confluence des affaires et de l'islamisme militant et il incarne à lui seul toutes les contradictions du royaume à l'égard du fondamentalisme islamiste

1. « The BCCI Affair », Report to the Committee on Foreign Relations, United States Senate, Senator John Kerry and Senator Hank Brown, december 1992 — 102nd Congress 2nd Session Senate Print 102-140.

Les ennuis commencent pour Khalid Bin Mahfouz en 1992, avec le scandale de la BCCI, dont il
est accusé d'avoir précipité la faillite. Dans le
même temps, le rapport sénatorial américain sur
la BCCI révèle des documents mettant en lumière
le rôle joué par la National Commercial Bank au
cours des années 80 dans des livraisons d'armes
entre Israël et l'Iran financées par les Saoudiens
dans le cadre d'un accord en vue de la libération
des otages américains détenus à Beyrouth.

Face à ces accusations, Khalid Bin Mahfouz est
contraint à la démission de son poste de président-
directeur général de la NCB en 1992. Son frère
Mohammad a assuré un intérim de quatre années
jusqu'à son retour en 1996, après qu'il eut accepté
une formule transactionnelle pour dédommager
les créanciers de la BCCI.

Puis la chute s'accélère en 1999, avec la progression des enquêtes américaines sur les attentats
contre les ambassades des États-Unis en Afrique un
an plus tôt. Les services américains découvrent à
partir du mois d'avril 1999 des transferts suspects
provenant de la National Commercial Bank vers
des organisations caritatives proches d'Ossama Bin
Laden, dont certaines sont contrôlées par la
propre famille de Khalid Bin Mahfouz. Et les mon-
tants de ces transactions sont astronomiques. Le
chiffre de 2 milliards de dollars est avancé [1].

L'Arabie Saoudite, souvent réticente dans la
coopération avec les services américains, est en

---

1. *USA Today*, 29 octobre 1999.

présence d'un cas de conscience qui se double d'une atteinte majeure à ses propres intérêts, puisque la banque est aussi « sa banque ».

Un audit financier est finalement ordonné la même année par le royaume concernant la gestion de la NCB pour vérifier ces allégations. Il révélera des transferts massifs vers des organisations caritatives liées à Ossama Bin Laden. Certaines sont dirigées par des membres de la famille Bin Mahfouz. Peu après, les autorités saoudiennes décident de placer Khalid Bin Mahfouz en résidence surveillée dans un hôpital à Ta'if. Il y serait encore aujourd'hui selon nos informations.

Les intérêts du royaume étant en jeu, il faut également sauvegarder de la banque ce qui peut l'être, et être en mesure de contrôler sa gestion. Dès le mois de juillet 1999, le royaume saoudien décide de diluer les participations détenues dans la banque par le clan Bin Mahfouz en rachetant une part majoritaire de son capital placée entre les mains du Public Investment Fund à hauteur de 40 % et de la General Organization for Social Insurance pour 10 %. Parallèlement, un nouveau président est installé à la tête de la banque, Abdullah Salim Bahamdan, qui fut longtemps son directeur général.

Pour faire bonne mesure, les Saoudiens doivent également ménager les Bin Mahfouz qu'ils savent si étroitement liés à Ossama Bin Laden. On apprend en effet par l'ancien directeur de la CIA, James Woolsey, qu'outre le soutien financier apporté par les Bin Mahfouz, il existe des liens familiaux. La propre sœur de Khalid Bin Mahfouz est en effet mariée à Ossama Bin Laden[1].

Le royaume saoudien se gardera donc bien de sanctionner la famille Bin Mahfouz plus que de raison. Si Khalid est désormais trop médiatique pour y échapper, rien de tel n'est conçu pour sa famille et sa belle-famille.

Les fils Bin Mahfouz sont autorisés à conserver 16 % du capital de la banque ; sa femme Naila Kaaki conserve également 10 % du capital et, plus étonnant, Khalid lui-même reste détenteur de 10 % du capital. Les Bin Mahfouz demeurent ainsi un actionnaire de référence de la banque.

En outre, le conseil d'administration de neuf membres de la NCB reste contrôlé pour un tiers par la famille Bin Mahfouz avec ses fils Abdul Rahman et Sultan et son beau-frère Saleh Hussein Kaaki[2].

Le réseau financier et caritatif des Bin Mahfouz est l'un des plus actifs au profit des activités d'Ossama Bin Laden, et nous découvrons aujourd'hui les multiples ramifications et connexions de cet empire avec celui de l'organisation Al-Qaeda.

En effet, et ce depuis de nombreuses années, les points de contact entre les deux environnements ne manquent pas. Car outre le soutien financier dont la réalité peut dans certains cas s'avérer difficile à démontrer compte tenu de l'opacité de certains circuits bancaires et financiers, l'imbrication

1. James Woolsey hearing, US Counterterrorism strategy, Senate Judiciary Committee, US Senate, 3 september 1998.
2. «State outs Bin Mahfouz from NCB», *Middle East Economic Digest*, 11 juin 1999 ; «Africa, Middle East», *Forbes*, 5 juillet 1999.

de structures économiques avec des entités islamistes est en revanche relativement évidente pour
établir une collusion.

La galaxie des Bin Mahfouz offre des exemples
de relations dans les deux types de schémas.

Plusieurs entités se trouvent ainsi en contact
direct ou indirect avec Ossama Bin Laden. Il s'agit
de sociétés telles que Al Khaleejia for Export, Promotion and Marketing Co, Saudi Sudanese Bank ou
Sedco. Il s'agit également d'ONG à vocation caritative comme l'International Development Foundation en Grande-Bretagne, Blessed Relief au Soudan
ou Muwafaq Foundation en Arabie Saoudite.

L'agence de communication Al Khaleejia for
Export, Promotion and Marketing [1], créée en 1977
et dirigée par l'un des frères de Khalid, Waleed Bin
Mahfouz, est soupçonnée par les États-Unis d'avoir
effectué des donations au profit d'organisations
caritatives proches d'Ossama Bin Laden. Dans le
capital de la société est également présent Saleh
Abdullah Kamel, autre acteur financier de ces
réseaux au travers de banques soudanaises. Saleh
Kamel déclarait déjà en 1992, lors de la démission
de Khalid Bin Mahfouz après le scandale de la
BCCI : « Khalid est réputé pour son honnêteté
et son intégrité... les accusations contre lui sont
infondées et fausses [2]. » L'homme a pourtant versé
245 millions de dollars d'amende pour prix de
cette « honnêteté ».

---

1. IAC Company Intelligence, 1997.
2 *Moneyclips*, 8 juillet 1992.

Comme nous l'indiquions plus haut, le frère de Khalid Bin Mahfouz, Mohammed Salim Bin Mahfouz, est le fondateur, avec Mohammed Saleh Affara, né en 1934, de nationalité britannique, de International Development Foundation (IDF)[1], dont le siège était établi jusqu'à une époque récente à Oxford en Grande-Bretagne. Mohammed Saleh Affara, yéménite d'origine et intermédiaire pour les ventes d'armes, est impliqué dans l'affaire du contrat d'armement Sawari-2 avec l'Arabie Saoudite.

Or, l'IDF était située à la même adresse que l'International Islamic Relief Organization (IIRO), l'une des principales structures de recrutement d'Ossama Bin Laden.

À la même adresse britannique figure également une association d'entraide dénommée Oxford Trust for Islamic Studies[2], et l'un des frères d'Ossama Bin Laden a récemment reconnu que sa famille versait chaque année des dons importants à cette organisation d'entraide[3].

Plus troublant encore, la holding familiale des Bin Mahfouz, Sedco, dispose d'une filiale en Grande-Bretagne dénommée Sedco Services Limited[4], enregistrée le 6 décembre 1994, à Londres. Or l'adresse de cette société correspond au nouveau siège de l'association International Development Foundation depuis le 6 septembre 1999.

1. ICC Directors, 1998 ; ICC Directory of UK Companies, 1998.
2. ICC Directors, 1998.
3. Interview sur CNN, 8 octobre 2001.
4. ICC Directors, 2001.

La filiale britannique de Sedco compte deux directeurs, Adnan Soufi, né le 23 septembre 1953, de nationalité saoudienne, demeurant à Djeddah, et le Dr Ahmed Nashar, demeurant également à Djeddah. Adnan Soufi est parallèlement directeur du Bidenden Golf Club[1], sis Weeks Lane à Bidenden en Grande-Bretagne, aux côtés de Camille Abbas Chebeir, de nationalité américaine, demeurant à New York aux États-Unis.

Camille Chebeir a été vice-président et directeur général de la National Commercial Bank saoudienne, dirigée par Khalid Bin Mahfouz. Il a été nommé le 21 décembre 1999 membre du conseil d'administration de la société Hybridon Inc en qualité de représentant de Sedco, actionnaire du groupe pharmaceutique américain[2]. Quant à Ahmed Nashar, il s'agit de l'ancien directeur de la branche pakistanaise de la BCCI.

Mohammed Salim Bin Mahfouz est également le fondateur de Saudi Sudanese Bank[3] à Khartoum au Soudan.

L'un des fils de Khalid Bin Mahfouz, Abdul Rahman Bin Mahfouz, est membre de la direction de l'organisation caritative soudanaise Blessed Relief suspectée d'avoir aidé à l'organisation de l'attentat contre le président égyptien Hosni Mubarak en Éthiopie en 1995.

Cette organisation, soupçonnée d'être liée à Ossama Bin Laden, est également accusée par la

1. ICC Directors, 1999.
2. Hybridon Inc Press release, 21 décembre 1999.
3. *The Bankers Almanach*, 1999.

CIA d'avoir reçu des fonds via la banque saoudienne National Commercial Bank, à l'époque
dirigée par Khalid Bin Mahfouz.

Une autre organisation caritative intéresse les
enquêteurs. Il s'agit de Muwafaq Foundation, dirigée par un riche industriel saoudien, Yassim Al
Qadi, cité par les autorités américaines dans la liste
des 30 organisations ou individus suspectés pour
leur collusion avec l'organisation terroriste Al-
Qaeda.

Muwafaq est une fondation saoudienne qui a été
administrée par plusieurs familles de premier plan
du royaume. Pourtant, les États-Unis estiment
aujourd'hui que « Muwafaq est un paravent de l'organisation Al-Qaeda qui reçoit des financements
de la part de riches hommes d'affaires saoudiens »
et le département du Trésor américain ajoute que
la fondation a permis de « transférer des millions
de dollars à Ossama Bin Laden [1] ».

Un rapport de l'Assemblée générale de l'ONU
datant de 1997 sur la situation des droits de
l'homme au Soudan [2] indiquera que plusieurs
membres de la fondation auraient été assassinés à
Malakal au Soudan en 1996.

Le rapport note que la fondation met en place
des programmes de nutrition et d'éducation dans

---

1. « More Assets on Hold In Anti-Terror Effort ; 39 Parties
Added to List of Al Qaeda Supporters », *Washington Post*,
13 octobre 2001.
2. Organisation des Nations Unies, document A/51/490,
14 octobre 1997.

plusieurs régions du Soudan et qu'elle est également active dans les secteurs sociaux et agricoles.

Muwafaq Foundation dispose d'une holding offshore dont les représentants ont pu être identifiés à la faveur d'un procès qui s'est déroulé en Grande-Bretagne. Les documents diffusés lors du procès établissent qu'outre Yassim Al Qadi, la holding comprend deux membres de la famille Bin Mahfouz, dont son fils Abdul Rahman, dirigeant de l'ONG Blessed Relief au Soudan et membre du conseil d'administration de la National Commercial Bank.

Yassim Al Qadi est un personnage important de la galaxie Bin Mahfouz. Il est notamment l'un des actionnaires et membre du conseil d'administration de la société californienne Global Diamond Resources, spécialisée dans l'exploration du diamant. Il est également présent dans les secteurs de l'immobilier, de la chimie et de la banque en Arabie Saoudite, en Turquie, au Kazakhstan ainsi qu'au Pakistan et en Malaisie.

Le PDG de la société Global Diamond Resources indiquera d'ailleurs que l'investissement consenti par Yassim Al Qadi dans la société s'était décidé à Londres en 1998 en présence d'investisseurs arabes et même d'un représentant de la famille... Bin Laden. Il ajoutera que c'est sur la foi des garanties présentées par la famille Bin Laden qu'il accepta à l'époque son entrée dans le capital à hauteur de 3 millions de dollars[1].

Selon d'autres sources, Yassim Al Qadi aurait

1. *New York Times*, 13 octobre 2001.

déjà été cité en 1998 par les États-Unis comme étant l'un des principaux soutiens financiers du groupe terroriste Hamas. Le département américain de la Justice avait alors décidé de geler ses avoirs dans une fondation basée à Chicago, dénommée Quranic Literacy Institute, dont l'un des animateurs, Mohammad Salah, était également soupçonné de participer à un réseau de financement du Hamas.

Ainsi les agents fédéraux américains ont pu établir qu'en 1991 Yassim Al Qadi avait tenté de dissimuler un versement de 820 000 dollars provenant de l'un de ses comptes bancaires en Suisse utilisé par la suite par Mohammad Salah pour des achats d'armes au profit du Hamas.

Selon nos informations, Yassim Al Qadi est également directeur de la société pakistanaise Shifa International Hospitals Ltd[1] basée à Islamabad, dans le conseil d'administration de laquelle on retrouve un Bin Mahfouz (Raies). Yassim Al Qadi illustre comme tant d'autres le glissement de réseaux financiers saoudiens vers le terrorisme, et les liens étroits qui unissent les Bin Laden et les Bin Mahfouz au cœur de ces réseaux.

D'autres sociétés font parallèlement apparaître des liens avec Kamal Adham, ancien responsable des services de renseignement saoudiens et acteur du scandale de la BCCI. Il en est ainsi de Delta International Bank SAE et d'Arabian Shield Development Co, dont Kamal Adham était actionnaire.

1. The Major Companies Database, 2000.

Le rôle joué par des proches de Khalid Bin Mahfouz dans l'administration et la gestion du site de production pharmaceutique d'Al Shifa est également révélateur de la présence d'hommes d'affaires saoudiens très puissants dans l'environnement d'Ossama Bin Laden.

L'homme d'affaires saoudien Saleh Idris, soudanais d'origine, était le propriétaire du site pharmaceutique d'Al Shifa depuis le mois d'avril 1998, avant qu'il ne fasse l'objet de frappes militaires américaines le 20 août 1998, les États-Unis estimant que l'usine pouvait produire des composants d'armes chimiques. Avant cette date, la CIA estime qu'Ossama Bin Laden était l'un des principaux actionnaires du site, intervenant par le biais de sociétés écrans[1].

Une étude du cabinet d'investigation américain Kroll Associates a mis en doute le développement d'armes chimiques sur le site. Sans mettre en cause l'impartialité des résultats de l'étude, il est intéressant de constater qu'elle a été commandée par un cabinet d'avocats américain, Akin, Gump, Strauss, Hauer & Feld, assurant la défense de Saleh Idris, et qui a dans le passé défendu les intérêts de Khalid Bin Mahfouz et de Mohammed Al Amoudi.

En réalité, Saleh Idris est lié par plusieurs investissements à Khalid Bin Mahfouz et Mohammed Al Amoudi, permettant d'éclairer d'un nouveau jour les enjeux liés au site d'Al Shifa.

---

1. «Middle Eastern & Group State Sponsors», Policy Papers 2000, 17 août 2000.

Saleh Idris intervient en particulier dans la société Al-Majd General Services Ltd[1], domiciliée au siège d'Abu Fath Al-Tigani Investment Intena à Khartoum, qui est une filiale de Tadamon Islamic Bank, actionnaire d'Al Shamal Islamic Bank, l'un des principaux véhicules financiers d'Ossama Bin Laden au Soudan.

Saleh Idris est également directeur de l'institution financière Saudi Sudanese Bank[2], dont le président n'est autre que Khalid Bin Mahfouz. Au cours des années 80, Saleh Idris a même été membre du conseil d'administration de la National Commercial Bank saoudienne. Saleh Idris est également partenaire de Mohammed Al Amoudi au sein de la société britannique M.S. Management Ltd, avec Nasrullah Khan (apparentée à Nabella Khan, dirigeant de la société Casareen Retail International Ltd, l'une des filiales du groupe saoudien Bin Laden).

Khalid Bin Mahfouz est en outre l'un des principaux actionnaires (25 %) de l'International Bank of Yemen aux côtés de la Bank of America (20 %). La banque yéménite est présidée par Ahmed Kaid Barakat et Ali Lutf Al Thor. La famille Bin Mahfouz possède également une société d'aménagement en Arabie Saoudite, Marei Bin Mahfouz and Ahmad Al Amoudi Co[3], basée à Djeddah, dans laquelle est présent Mohammed

1. ICC Directors, 1998.
2. *The Bankers Almanach*, 1999.
3. IAC Company Intelligence, 1997.

Hussein Al Amoudi. Enfin, dans le groupe d'assurances Red Sea Insurance[1], dont le siège est à Djeddah, sont présents à la fois les membres de la famille Bin Mahfouz ainsi qu'un membre de la famille Barakat (Ahmed Kaid Barakat est président de l'International Bank of Yemen).

Mohammed Hussein Al Amoudi est quant à lui président du Al Amoudi Group Company Ltd d'Arabie Saoudite. Situé à Djeddah, il s'agit de l'un des principaux conglomérats du royaume, dont le directeur général est Ali Bin Mussalam, impliqué dans l'affaire du contrat d'armement Sawari-2, proche du fondateur de l'International Development Foundation de Londres.

Mohammed Hussein Al Amoudi et Khalid Bin Mahfouz sont d'ailleurs tous deux actionnaires de World Space, consortium d'opérateurs de téléphonie visant à établir des communications par satellite[2].

La galaxie Bin Mahfouz n'est pas faite que d'investissements douteux, mais la personnalité de son créateur donne une autre dimension aux relations d'affaires qu'il a pu nouer par le passé, notamment avec les États-Unis.

Une banque pakistanaise dont il est le principal actionnaire en offre une démonstration éclairante. Prime Commercial Bank, dont le siège social est à Lahore au Pakistan, est dirigée par Sami Mubarak

1. IAC Company Intelligence, 1997.
2. « Worldspace reveals identity of investors », *Space Business News*, 3 février 1999.

Baarma, né en 1955 de nationalité saoudienne, Saeed Chaudhry et Abdul Rahman Bin Khalid Bin Mahfouz, le fils de Khalid Bin Mahfouz.

Sami Mubarak Baarma est un dirigeant de SNCB Securities Limited à Londres, autre filiale financière des Bin Mahfouz. Il dirige pour NCB le réseau financier Middle East Capital Group (MECQ, basé au Liban, dont l'un des administrateurs est Henry Sarkissian, dirigeant de plusieurs sociétés du groupe Bin Laden). Il est également en charge de la division internationale de la National Commercial Bank saoudienne. Il est surtout devenu, grâce à son influence au Pakistan, membre du comité de conseil du Carlyle Group américain.

Le fonds d'investissement Carlyle Group comprend à sa tête de nombreuses personnalités de l'entourage de l'ancien président américain George Bush ou de son fils, George W. Bush, actuel président des États-Unis [1].

Son conseil d'administration compte notamment les principaux caciques de l'équipe Bush : James A. Baker III, ancien Secrétaire d'État du président George Bush, Franck C. Carlucci, ancien secrétaire à la Défense du président Ronald Reagan, Richard G. Darman, ancien directeur de l'Office of Management and Budget du président George Bush entre 1989 et 1993, et John Sununu, ancien secrétaire général de la Maison Blanche sous la présidence de George Bush père.

En outre, le prince saoudien Al-Waleed Bin

---

1. Hoover's Company Profile, 2001.

Talal, neveu du roi Fahd, dispose d'une participation indéterminée dans le fonds.

Le président des États-Unis George W. Bush a même été de 1990 à 1994 membre du conseil d'administration de l'une des filiales du Carlyle Group, la société Caterair.

Khalid Bin Mahfouz est texan, nous l'avons dit, et dispose à ses heures perdues d'une résidence secondaire dans le quartier de River Oaks à Houston.

C'est en 1987 qu'un obscur financier saoudien, du nom de Adbullah Taha Bakhsh, entre au capital d'une société pétrolière texane fondée par un certain George Bush et dont le fils George W. Bush a été directeur de 1986 à 1993 [1].

L'opération consiste à recapitaliser la société qui connaît des heures difficiles. Cet investisseur saoudien n'est autre que le partenaire de Khalid Bin Mahfouz et Ghaith Pharaon. Taha Bakhsh devient donc actionnaire de Harken Energy Corp à hauteur de 11,5 % [2].

Son représentant au sein de Harken Energy n'est pas non plus un inconnu. Talat Othman, né le 27 avril 1936 à Betunia en Palestine, est membre du Middle East Policy Council américain, le plus prestigieux *think tank* américain, aux côtés de Franck Carlucci [3].

1. Directory of Corporate Affiliations, National Register, 1999; *S & P Daily News*, 2 novembre 1993; Reuters, 6 décembre 1991.
2. Mergers & Acquisitions Database, 3 décembre 1987; SEC Document 13D — Amendment n° 1, 3 décembre 1987.
3. MEPC, 1999.

Ces investisseurs se connaissent, fréquentent les mêmes conseils d'administration depuis plus de dix ans, aux côtés d'un certain Salem Bin Laden, frère d'Ossama Bin Laden, décédé, on l'a vu, en 1988 dans un accident d'avion au Texas.

On ne s'étonne donc pas de trouver dans le capital de deux autres sociétés à responsabilité limitée détenues par George W. Bush (Arbusto 79 Ltd et Arbusto 80 Ltd) un certain James R. Bath, grand financier texan, qui à la fin des années 70 investira 50 000 dollars pour amorcer le développement de ces structures. Il représentait aux États-Unis les intérêts de Salem Bin Laden aux termes d'un accord d'administration de 1976. On apprendra plus tard en 1993, dans un document officiel américain, qu'il était également le représentant légal de Khalid Bin Mahfouz[1].

Les deux entités fondées par George W. Bush ont par la suite été fusionnées avec Harken Energy, et la trace de ces transactions a disparu avec le temps.

Khalid Bin Mahfouz est très actif à cette époque au Texas. Ainsi, au cours d'une déposition devant les autorités du Financial Crimes Enforcement Network (FINCEN), James R. Bath a prétendu détenir la société Skyway Aircraft Leasing Ltd, qui s'avérera appartenir à Khalid Bin Mahfouz.

En 1990, ce dernier a procuré à James R. Bath un prêt de 1,4 million de dollars lui permettant d'acquérir une parcelle de l'aéroport de Houston

---

1. United Financial Group, SEC 1993.

au Texas. À la suite du décès de Salem Bin Laden en 1988, Khalid Bin Mahfouz aurait repris cette participation[1].

Mais l'empire Bin Mahfouz rejoint également les préoccupations pétrolières des États-Unis en Asie centrale autour de la mer Caspienne, enjeu tant convoité par les sociétés pétrolières américaines.

La société Nimir Petroleum contrôlée par Khalid Bin Mahfouz a conclu ces dernières années des accords d'exploration et d'exploitation dans les principaux pays du Golfe et de l'Asie centrale, d'Oman au Kazakhstan, et même au Venezuela.

En 1994, Nimir Petroleum a accepté de s'associer à la société saoudienne Delta Oil Company, qui tentait depuis plusieurs années d'obtenir un contrat pour la construction d'un pipeline gazier et pétrolier entre le Turkménistan et le Pakistan via... l'Afghanistan. Le principal partenaire de la joint-venture formée pour ce projet de 5 milliards de dollars n'était autre que le géant américain Unocal Corp[2]. Les négociations menées avec les taliban en étaient au point mort, et le consortium Delta Oil-Unocal comptait sans doute sur l'appui de Khalid Bin Mahfouz dans cette entreprise.

Khalid Bin Mahfouz n'est d'ailleurs pas le seul entrepreneur saoudien à s'intéresser de près au pétrole d'Asie centrale à cette époque.

Le groupe Dallah Albaraka, contrôlé par Saleh

1. « Feds investigate entrepreneur allegedly tied to Saudis », *The Houston Chronicle*, 4 juin 1992.
2. Arab Press Service Organization, 24 novembre 1997.

Abdullah Kamel, s'était également lancé dès 1991
dans l'exploitation de plusieurs sites au Kazakhstan et en Ouzbékistan.

Un autre épisode peu connu dans la galaxie de
la BCCI est l'entrée dans l'industrie du luxe des
principaux protagonistes de cette affaire, au travers d'un groupe financier du Golfe contrôlé par
des hommes de Khalid Bin Mahfouz.

En 1982, un groupe d'investisseurs du Moyen-
Orient crée une société financière dont la vocation
est de constituer un portefeuille d'actifs diversifiés,
estimé aujourd'hui à plus de 5 milliards de dollars,
concentré sur des prises de participation dans des
sociétés et des valeurs réputées et financièrement
stables dans les secteurs de l'édition, de la distribution, de l'horlogerie et du luxe.

Investcorp, dont le siège social est établi à
Manama, capitale de Bahreïn, est fondée par le
gratin financier et pétrolier de la région : Nemir
Kirdar, homme d'affaires irakien, ancien directeur
pour le golfe Persique de la Chase Manhattan
Bank ; Ahmed Ali Kanoo, décédé en 1997 ; l'ancien
ministre du pétrole d'Arabie Saoudite, Ahmed
Zaki Yamani ; et l'ancien ministre du pétrole du
Koweït, Abdul Rahman Salim Al Ateeqi[1].

La holding d'Investcorp est enregistrée aux îles
Caïmans, Investcorp Holdings Corp, et sa principale filiale contrôlant l'ensemble des activités

---

1. Hoover's Company Profile 2002.

internationales est enregistrée au Luxembourg, Investcorp SA.

S'inspirant du mouvement en faveur de l'autonomie et de l'émancipation financière du golfe Persique né à la suite du premier choc pétrolier, notamment face aux grandes institutions financières occidentales, Investcorp a été établie sur des bases comparables à celles ayant présidé à la création de la BCCI en 1972.

Les deux entités, si elles n'ont pas la même vocation, la BCCI étant un organisme bancaire, tandis qu'Investcorp se veut une société d'investissement, ont été constituées avec l'appui conjoint des autorités des Émirats, d'investisseurs saoudiens et de banques occidentales (Bank of America pour la BCCI et Chase Manhattan pour Investcorp). En outre, leurs holdings ont été délocalisées dans les mêmes centres offshore (îles Caïmans et Luxembourg).

Les similitudes entre les deux entités recouvrent également des aspects capitalistiques. En effet, outre les deux principaux dirigeants (Abdul Rahman Salim Al Ateeqi, chairman, et Nemir Kirdar, président et CEO) ainsi que les représentants du gouvernement des Émirats, Investcorp comprend un comité de direction de dix-huit membres représentant les principaux actionnaires du groupe dont plusieurs ont appartenu aux actionnaires de la BCCI.

Parmi ces personnes, au moins quatre d'entre elles représentent les intérêts ou présentent une proximité importante avec des hommes d'affaires

saoudiens ayant joué un rôle crucial dans le destin
de la BCCI. Il s'agit d'Abdullah Taha Bakhsh, de
Mohammed Abdullah Al Zamil, de Bakr Mohammad Bin Laden et de Omar Al Aggad.

Abdullah Taha Bakhsh, dont nous avons déjà
parlé, a été de 1976 à 1982 le représentant aux
États-Unis de la famille Bin Laden.

Il est surtout l'associé et le représentant des intérêts financiers au Moyen-Orient de Khalid Bin
Mahfouz. Plusieurs sources soulignent d'ailleurs
qu'il représente au sein du conseil d'administration d'Investcorp les intérêts de Khalid Salim Bin
Mahfouz, qui détiendrait plus de 25 % du capital
de l'institution financière par son intermédiaire.

Mohammed Abdullah Al Zamil, né en 1936, est
l'un des principaux dirigeants de la Bahrain Islamic Bank BSC. L'institution financière dispose de
participations dans près de 20 banques dans le
monde, dont Tadamon Islamic Bank, actionnaire
de référence de la banque Al Shamal Islamic Bank,
évoquée plus haut à propos des investissements
personnels d'Ossama Bin Laden.

En outre, Mohammed Abdullah Al Zamil dirige
le groupe familial Al Zamil Company (Arabie
Saoudite), dont le principal actionnaire est Khalid
Bin Mahfouz.

Enfin, son fils Hamad Al Zamil est partenaire
de Khalid Bin Mahfouz au sein du groupe publi-
citaire Tihama for Advertising, Public Relations
and Marketing basé à Djeddah en Arabie Saoudite.
Le président de la société, Saleh Abdullah Kamel,
a été président d'Albaraka Bank-Sudan et action-

naire de Tadamon Islamic Bank, holding de la banque Al Shamal, liée à Ossama Bin Laden.

Bakr Mohammed Bin Laden, né le 14 février 1947, de nationalité saoudienne, est le frère d'Ossama Bin Laden. Il dirige le groupe familial Binladin Group depuis 1988, qui comprend plusieurs filiales communes avec Khalid Bin Mahfouz, notamment par l'intermédiaire de la société financière Saudi Investment Company (SICO), créée en 1980. La société dirigée par Yeslam Bin Laden, frère d'Ossama Bin Laden, a mis en place au cours des années 80 une nébuleuse de sociétés écrans enregistrées aux îles Caïmans, aux Bahamas et en Irlande. Ces sociétés sont généralement contrôlées par SICO ainsi que par des partenaires issus de l'environnement de la BCCI

Omar Al Aggad, né le 20 avril 1927 à Jaffa en Palestine, de nationalité saoudienne, est un investisseur disposant d'importants actifs en Arabie Saoudite.

Il est également parallèlement actionnaire de l'organisation caritative suisse Welfare Association. L'association, dont la vocation est de promouvoir les aspirations du peuple palestinien, présente la particularité d'être dirigée par Abdul Majeed Shoman, ancien président de la société Saudfin, holding financière suisse de l'armateur pakistanais Abbas Gokal, qui fut le cofondateur et l'un des principaux actionnaires de la BCCI. Ce dernier a été condamné en 1997 à quatorze années d'emprisonnement dans le cadre de la liquidation de la banque en Grande-Bretagne pour détournement d'actifs et conspiration frauduleuse. La cour d'appel de Londres a confirmé ce jugement en mars 1999.

Les investissements d'Investcorp n'ont pas toujours été judicieux, comme en atteste sa mise en cause dans plusieurs procédures judiciaires, notamment aux États-Unis, en Grande-Bretagne et en France pour fraude ou non-respect des règles comptables.

L'établissement d'Investcorp, nous l'avons vu, n'est pas étranger au contexte dans lequel se situe la BCCI au début des années 80, notamment la révélation d'un certain nombre de pratiques frauduleuses à cette époque. Ses actionnaires auraient notamment souhaité diversifier leurs actifs en constituant un groupe financièrement et politiquement sain.

Les liens croisés entre la famille Bin Mahfouz et divers acteurs du scandale de la BCCI, d'une part, et les réseaux d'Ossama Bin Laden, d'autre part, sont autant de preuves de la porosité du milieu financier saoudien.

Que tel ou tel banquier ait, par absence de vigilance, permis le transfert de capitaux au profit de telles organisations peut se concevoir. Mais le cas Bin Mahfouz dépasse ces schémas classiques, qui dans une certaine mesure sauvèrent à l'époque nombre de cadres de la BCCI qui se retrouvaient parfois malgré eux impliqués dans des transactions douteuses.

Khalid Bin Mahfouz incarne la vitalité et la puissance bancaire de l'Arabie Saoudite. Il émane directement de son souverain qui est aussi son meilleur client. Dans ce royaume aux mille facettes, il a joué celle de la connivence tandis que le royaume, durant des années, a joué celle de la complaisance, sinon de la collusion.

Khalid Bin Mahfouz a incarné temporairement pour le royaume l'instrument officieux de ses propres contradictions à l'égard d'un Bin Laden devenu terroriste qu'il aurait dû renier.

Conclusion

Ossama Bin Laden a sans doute refermé le 11 septembre 2001 la longue chronique des malentendus et des alliances contre nature qui ont forgé, parfois renforcé, mais toujours conforté les tenants d'un islam radical.

Des financiers parmi les plus respectables de la planète, une famille à l'origine de la construction du royaume saoudien, des amitiés afghanes qui relèvent plus de l'opportunisme que du savant stratagème, des méfaits cachés en Libye accomplis avec des amis de la couronne britannique, un homme poursuivi par le FBI mais épargné par le Département d'État, épinglé par les responsables politiques occidentaux mais réellement traqué par le colonel Kadhafi, des amis taliban avec lesquels la diplomatie américaine ne cesse de se réconcilier avant de les bombarder.

Ossama Bin Laden, c'est un peu tout cela.

Mais contrairement à ce que d'aucuns prétendent, bien souvent pour préserver ces monarchies pétrolières si généreuses avec leurs obligés,

Ossama Bin Laden ne présente pas les traits d'un chef terroriste jusqu'au-boutiste, aveuglé par un fanatisme qui l'aurait aliéné durant la guerre contre les Soviétiques.

Ce qui doit nous interpeller dans son parcours, en remontant le fil de son histoire, c'est de constater dans quelle mesure les attentats qu'il commandite ne sont justement pas l'œuvre d'un déséquilibré. Ce fils de bonne famille se contente de suivre le destin de son pays, et de se battre avec les armes que nous lui avons confiées. C'est-à-dire l'action subversive, la guérilla et la propagande, devenues modes d'action et surtout modes de pensée pour défendre ses valeurs les plus chères.

Plus personne dans les pays riches n'échappera à une lecture critique des cinquante années de politique étrangère passées, et singulièrement de la politique pétrolière. Avec elles notre développement économique repose sur des alliances avec des dictatures pétrolières et encourage ces dernières à promouvoir les croyances les plus arriérées.

Tôt ou tard s'ouvrira le procès des terroristes, de leurs commanditaires et peut-être des États qui les hébergent et les soutiennent objectivement. Plus incertain est celui, qui reste à faire, de ceux qui les inspirent et les financent, par action, omission ou intérêt.

ANNEXES

Chronologie

1957   Naissance à Riyad d'Ossama Bin Laden. 17ᵉ enfant d'une famille de 54 dont le père, Mohammad Bin Laden, est né au Yémen.

1979   Ossama Bin Laden obtient un diplôme de l'Université King Abdul Aziz de Djeddah en ingénierie civile.

1979   Le 26 décembre, l'armée soviétique envahit l'Afghanistan. Ossama Bin Laden quitte l'Arabie Saoudite pour rejoindre la résistance afghane.

1980-86 Ossama Bin Laden participe à l'organisation de la résistance des musulmans en Afghanistan.

1988   Ossama Bin Laden fonde l'organisation Al-Qaeda destinée au recrutement et au financement de la résistance afghane.

1989   Le 30 juin, le Front islamique national prend le pouvoir au Soudan.

1989   Après le retrait soviétique d'Afghanistan, Ossama Bin Laden retourne en Arabie Saoudite où il apporte son soutien à des mouvements contestataires et travaille au sein du groupe familial Binladin.

1990   Le 2 août, l'Irak envahit le Koweït.

1991   Au mois d'avril, Ossama Bin Laden quitte
         l'Arabie Saoudite après s'être opposé à l'al-
         liance entre le royaume et les États-Unis. Il se
         rend en Afghanistan puis à Khartoum au Sou-
         dan, qui accueille les musulmans sur son sol
         sans visa.

1991   Les États-Unis installent des bases en Arabie
         Saoudite.

1992   Ossama Bin Laden définit les fondements
         d'Al-Qaeda : l'opposition aux groupes terro-
         ristes d'origine chiite, le refus de la présence
         américaine sur le sol saoudien, l'affrontement
         avec les forces américaines stationnées dans
         la Corne d'Afrique, notamment en Somalie.
         Il installe parallèlement plusieurs sociétés à
         Khartoum pour soutenir le financement de
         ses activités politiques. Il est rejoint par
         480 combattants afghans.

1992   Le 29 décembre, une bombe explose dans un
         hôtel d'Aden accueillant les troupes améri-
         caines dans le cadre de l'opération humani-
         taire en Somalie. Deux touristes autrichiens
         sont tués dans l'attentat. Les Américains éta-
         bliront le rôle de l'organisation d'Ossama Bin
         Laden dans l'attaque.

1993   Le Soudan est considéré comme un État sou-
         tenant le terrorisme. Les militants de Bin
         Laden tentent d'obtenir des composants
         d'armes nucléaires.

1993   Le 26 février, un attentat frappe le World
         Trade Center à New York.

1993   Les 3 et 4 octobre, 18 militaires américains
         sont tués à Mogadiscio en Somalie. Les Amé-
         ricains hésitent à inculper Ossama Bin Laden
         dont l'implication fait l'objet d'un débat au
         sein des services de renseignement.

1994   Au mois de janvier, des informations font état du financement par Ossama Bin Laden d'au moins trois camps d'entraînement dans le nord du Soudan où des militants de plusieurs pays reçoivent une formation militaire.

1994   Le 10 mars, Ossama Bin Laden et trois complices assassinent à Syrte en Libye deux ressortissants allemands, dont un membre des services de contre-espionnage.

1994   Le 9 avril, le gouvernement saoudien décide la déchéance de la nationalité d'Ossama Bin Laden et le gel de ses avoirs en raison de son soutien à des mouvements radicaux.

1995   Ossama Bin Laden installe plusieurs camps d'entraînement au nord du Yémen à la frontière saoudienne.

1995   Au mois de février, Ramzi Yousef, instigateur de l'attentat contre le World Trade Center, est arrêté au Pakistan et extradé aux États-Unis. Des éléments de l'enquête établissent plusieurs liens avec Ossama Bin Laden.

1995   Au mois de juin, une tentative d'assassinat vise le président Hosni Mubarak à Addis Abeba. Ossama Bin Laden aurait financé l'opération.

1995   Au mois d'août, Ossama Bin Laden appelle à une campagne de guérilla visant les forces américaines stationnées en Arabie Saoudite dans une lettre ouverte adressée au roi Fahd.

1995   Le 13 novembre, cinq Américains et deux Indiens sont tués dans un attentat visant un bâtiment de la Garde nationale saoudienne à Riyad. Ossama Bin Laden nie en être l'instigateur mais se félicite de l'opération.

1996   Au mois de mai, le Soudan expulse Ossama Bin Laden qui retourne en Afghanistan.

1996   Le 31 mai, quatre Saoudiens accusés de l'attentat contre les installations de Riyad sont exécutés.

1996   Le président Clinton signe au printemps de cette année un ordre top secret autorisant la CIA à utiliser tous les moyens nécessaires pour réduire le réseau Al-Qaeda.

1996   Le 25 juin, un camion bélier rempli d'explosifs détruit une installation militaire américaine à Dharan, tuant 19 militaires américains. L'implication d'Ossama Bin Laden est évoquée par les enquêteurs américains.

1996   Le 23 août, Ossama Bin Laden lance une déclaration de guerre contre les États-Unis, réclamant le départ des troupes de la péninsule arabique, la libération des lieux saints, le renversement du régime saoudien et appelant les mouvements fondamentalistes à rejoindre son combat.

1998   Au mois de février, Ossama Bin Laden et plusieurs groupes islamiques appellent conjointement à tuer des Américains, y compris les civils, dans le monde entier.

1998   Le 16 mars, la Libye émet le premier mandat d'arrêt international à l'encontre d'Ossama Bin Laden et de trois complices pour meurtre.

1998   Le 8 juin, le Grand Jury de New York émet une inculpation à l'encontre d'Ossama Bin Laden pour « conspiration d'attaque contre des installations militaires américaines ».

1998   Le 6 août, le Djihad égyptien adresse un avertissement aux États-Unis déclarant que l'Amérique recevra « un message dans des termes clairs et compréhensibles ».

1998   Le 7 août, deux explosions simultanées frappent les ambassades américaines de

Nairobi au Kenya, faisant 213 victimes, et de Dar es-Salaam en Tanzanie, tuant 11 personnes.

1998   Le 20 août, l'armée américaine réplique en détruisant plusieurs camps d'entraînement en Afghanistan et le site pharmaceutique d'Al Shifa au Soudan, soupçonné de produire des armes de guerre. Le gouvernement soudanais conteste ces allégations. Ossama Bin Laden est inclus dans la liste des personnes suspectées de terrorisme dont les fonds peuvent être saisis.

1998   Le 4 novembre, Ossama Bin Laden est inculpé pour la seconde fois aux États-Unis dans l'affaire des attentats contre les ambassades américaines d'Afrique.

1999   Le 16 janvier, le département de la Justice américain inculpe de nouveau Ossama Bin Laden et 11 autres complices pour les attentats contre les ambassades américaines.

2001   Le 29 mai, quatre membres des réseaux d'Ossama Bin Laden sont reconnus coupables dans les attentats contre les ambassades américaines. Tous les suspects seront condamnés à la prison à perpétuité.

2001   Le 11 septembre, deux avions civils détournés s'abattent sur les tours jumelles du World Trade Center, tandis qu'un autre s'écrase sur le Pentagone et qu'un dernier termine sa course en Pennsylvanie. Les attentats les plus meurtriers jamais conduits par une organisation terroriste auraient fait plus de 4 000 morts.

Rapport sur l'environnement
économique de la famille Bin Laden

Le document présenté en annexe a été rédigé par Jean-Charles BRISARD en 1996 et actualisé périodiquement jusqu'au mois de juillet 2001. Cette étude a été réalisée à la demande d'un service de renseignement français.

Précision : le rapport porte sur « *les structures et la périphérie des structures susceptibles d'avoir facilité, par leur complexité et leur opacité, des connexions avec l'environnement économique, financier ou terroriste, direct ou indirect, d'Ossama Bin Laden* ». Toutes les structures et personnes citées dans ce rapport ne peuvent en aucun cas être assimilées *a priori* et globalement aux activités terroristes dont est suspecté Ossama Bin Laden, contrairement à ce qui a été écrit dans la presse. Le rapport a pris soin de distinguer les entités n'ayant que des liens usuels dans le monde des affaires avec la famille Bin Laden, de celles ayant — ou ayant eu — des liens directs avec Ossama Bin Laden.

PLAN

NOTE DE SYNTHÈSE

L'étude a porté sur les structures et la périphérie des structures susceptibles d'avoir facilité, par leur complexité et leur opacité, des connexions et des connivences avec l'environnement économique, financier ou terroriste, direct ou indirect, d'Ossama Bin Laden, né le 30 juillet 1957 à Djeddah (Arabie Saoudite), à l'exception des réseaux terroristes ou des organisations politiques sans lien avec cet objet ; soit plus de 500 sociétés traitées impliquant près de 400 personnes.

ABSTRACT

Plusieurs liens capitalistiques ont pu être établis entre Ossama Bin Laden et le groupe familial Saudi Binladin Group, ainsi qu'avec des proches, sinon des membres de la famille royale saoudienne.

Ces liens apparaissent notamment à l'examen des réseaux financiers du groupe en Europe et des opérations extérieures ou des investissements conduits par les réseaux financiers ou humanitaires saoudiens à l'étranger. Les rapprochements sont souvent le fait de personnalités appartenant à des réseaux financiers frauduleux connus (notamment celui de la BCCI).

Les points de contact identifiés sont à mettre sur le compte de la bienveillance, sinon de la complaisance de leurs acteurs, mais il est difficile de croire que la bonne foi des intervenants ait pu être trompée dans les différentes situations étudiées.

Les principaux éléments recueillis concernent :

– *Le Saudi Binladin Group* (notamment par le biais de sa filiale SICO) : La proximité de certains représentants européens avec Azzam Publications, société proche d'Ossama Bin Laden, un lien avec un membre du Djihad islamique palestinien, des relations établies avec des réseaux financiers frauduleux français et internationaux (BCCI, affaire du contrat de vente d'armes Sawari-2), et des liens indirects avec les actionnaires de l'usine d'Al Shifa au Soudan.

– *Le système bancaire islamique* : Les liens par le biais de la Faisal Islamic Bank avec les montages financiers d'Ossama Bin Laden au Soudan au travers de la banque Al Shamal, le soutien apporté aux actionnaires du site d'Al Shifa, et le maintien en activité de certains membres des réseaux d'Ossama Bin Laden, les interconnexions avec le réseau frauduleux de la BCCI.

– *Les organisations caritatives et humanitaires islamiques officielles* : Les connexions entre le réseau de l'International Islamic Relief Organisation et les réseaux financiers soudanais, le soutien apporté à Ossama Bin Laden par une organisation à vocation humanitaire dirigée par le beau-frère du roi Fahd.

Plusieurs intervenants transversaux apparaissent à l'issue de l'étude :

– *La structure familiale d'Ossama Bin Laden.*

– *Le réseau frauduleux de la BCCI* dont les principaux acteurs gravitant autour de Ghaith Pharaon sont identifiés à plusieurs reprises (Khalid Bin Mahfouz, Adnan Al Fulaij, Kamal Adham, Roger Tamraz).

– *Les réseaux des marchands d'armes ou de pétrole,* notamment égyptiens et saoudiens (Ghaith Pharaon, Mounir et Fakhry Abdelnour, Saffir et Joseph Iskander, Mohammed Saleh Affara).

– *Le réseau financier saoudien* développé sur la base de la holding Dar Al Maal Al Islami (DMI).

Le réseau financier identifié autour d'Ossama Bin Laden et de ses investissements correspond dans son architecture générale au réseau mis en place dans les années 80 par la BCCI pour ses opérations frauduleuses, avec souvent une identité des acteurs (anciens dirigeants ou cadres de la banque et de ses filiales, marchands d'armes et de pétrole, investisseurs saoudiens...) et parfois des structures (NCB, Attock Oil, BAII...).

L'étude relève la survie des réseaux de financement de la BCCI en dépit de l'appui parallèle dont bénéficie Ossama Bin Laden de la part des mouvements politiques ou terroristes de la mouvance islamiste.

La convergence des intérêts financiers et terroristes, réalisée notamment en Grande-Bretagne et au Soudan, ne semble pas avoir constitué un obstacle par rapport aux objectifs poursuivis.

La conjonction d'un réseau terroriste adossé à une vaste structure de financement est le trait dominant des opérations conduites par Ossama Bin Laden.

A/ Saudi Binladin Group (SBG) ou Binladin Organization

Le SAUDI BINLADIN GROUP (SBG) ou BINLADIN ORGANIZATION[1] (PO Box 958, Djeddah 21421, Arabie Saoudite) a été fondé en 1931 par le père d'Ossama Bin Laden, Mohammed Awad Bin Laden.

Il s'agit d'un conglomérat intervenant dans les secteurs de la construction, de l'ingénierie, de l'immobilier, de la distribution, des télécommunications et de l'édition. SBG réalise la moitié de son chiffre d'affaires dans le secteur de la construction.

1. Source : IAC Company Intelligence, 1997 ; Saudi Binladin Group.

SBG est le premier entrepreneur privé d'Arabie Saoudite. Son statut d'établissement le dispense de la publication de son bilan. Une publication financière estimait son chiffre d'affaires en 1991 à 36 Mds$[1]. En 1995, SBG employait 5 000 personnes. Son actionnariat est familial.

Le groupe bénéficie depuis l'origine, y compris après le décès de son fondateur en 1968, de l'appui constant des autorités saoudiennes. Il a même été durant plusieurs années le contractant officiel et unique pour les lieux saints du royaume[2]. Plusieurs groupes internationaux ont établi avec le SBG des relations de partenariat visant à faciliter leur implantation au Moyen-Orient.

Officiellement, le SBG n'entretient plus aucune relation avec Ossama Bin Laden[3], depuis que le royaume l'a déchu de sa nationalité saoudienne en avril 1994. Ce dernier aurait bénéficié d'un héritage de 300 M$ à l'époque.

Le groupe est aujourd'hui dirigé par Bakr M. Bin Laden, fils de Mohammed Bin Laden. Salem Bin Laden, fils aîné de Mohammed, a dirigé le groupe jusqu'en 1988, date de son décès accidentel. Le conseil d'administration du SBG est composé de Saleh Gazaz, Mohamed Bahareth, Abdullah Bin Said, Mohamed Nur Rahimi, Tarek M. Bin Laden, Omar M. Bin Laden.

⁎⁎

1. Source : « US Raids », *Middle East Economic Digest*, 4 septembre 1998.
2. Source : Note déclassifiée de la CIA sur Ossama Bin Laden (non datée).
3. Source : « Bin Ladin family distances itself from Osama », *APS Diplomat Recorder*, 5 mars 1994.

Outre les activités assurées en direct par ses divisions, les holdings de tête sont les suivantes (les filiales étrangères sont indiquées) :

• Construction : BINLADIN GROUP INTERNATIONAL (Égypte, Jordanie, Liban, Malaisie, Émirats arabes unis)
• Ingénierie électrique : BINLADEN BEMCO
• Infrastructures : MOHAMMED BIN LADIN ORGANISATION
• Immobilier : PROJECT MANAGEMENT & DEVELOPMENT CO REAL ESTATE LTD
• Énergie : BEMCO
• Industrie : AL SALEM GROUP
• Textile : MIMAR INDUSTRIAL GROUP (Liban, GB, Espagne)
• Vêtements : CASAREEN CONTRACT MANUFACTURING (GB)
• Cristallerie : PALWA BELEUCHTUNGS GMBH (Allemagne), PALWA IBERICA (Espagne)
• Édition : HAZAR MEDIA GROUP (Liban, France, GB, UAE, Égypte)
• Maintenance : UNITED SAUDI MAINTENANCE & SERVICES CO
• Distribution : GFC, CASAREEN RETAIL INTERNATIONAL (GB, Malaisie, Singapour, Égypte, Liban, France, USA)
• Transport de fret : FORSHIP LTD (GB, France, Égypte, Canada)
• Télécommunications : BINLADIN TELECOMMUNICATIONS CO
• Relations publiques : MIDDLE EAST INTERNATIONAL GROUP — MEIG AG (Suisse)

Les bureaux européens du SBG sont sis 19, Berkeley Street, Londres, Grande-Bretagne. La structure est dirigée par Leonard Cowking, né le 24 mars 1947, de nationalité britannique, et Bakr M. Bin Laden, né le 14 février 1947, de nationalité saoudienne[1]. Leonard Cowking est également dirigeant de TURKEY ROCK UK LTD[2] aux côtés de Akberali Mohamed Ali Moawalla (voir partie 1c). SBG UK était dénommé avant 1991 TYROLESE 199 LIMITED — 60, Goswell Road, Londres, Grande-Bretagne — (voir partie 1c).

La filiale internationale du SBG, BINLADIN GROUP INTERNATIONAL (BGI) (PO Box 41008, Djeddah 21521, Arabie Saoudite), est dirigée par Bakr M. Bin Laden (PDG), Yahia M. Bin Laden (DG), Omar M. Bin Laden (président) et Hasan M. Bin Laden (vice-président). Le directeur opérationnel pour les travaux publics et les aéroports est Abu Baker S. Al Hamed, la division des constructions est coordonnée par Ahmed M. Bin Laden, Henry M. Sarkissian est directeur des projets industriels et énergétiques. Mu'taz Sawwaf assure la direction de la division architecture et décoration d'intérieur, Abu Bakr Bin Ali Al Akhdar est directeur de la division pétrolière et minière, Shafiq M. Bin Laden est membre du conseil d'administration.

La filiale BINLADEN-BEMCO AND MECHANICAL INDUSTRIAL AND POWER CONTRACTING[3] (PO Box 3143, Djeddah 21471) intervient dans le domaine de l'ingénierie électrique. Elle est dirigée par Henry Cabrera et Bakr Bin Laden. Parmi les membres de son conseil d'administration figurent Souren M. Sarkissian, Henry M. Sarkissian et Greg M. Sarkissian. La société a également comme actionnaire BINLADIN BROS FOR CONTRACTING AND INDUSTRY[1] (PO Box 2734, Djeddah 21461),

---

1. Source : ICC Directors, 1998.
2. Source : ICC Directory of UK Companies, 1997 ; ICC Directors, 1998.
3. Source : IAC Company Intelligence, 1997.
4. Source : IAC Company Intelligence, 1997.

dirigée par Bakr M. Bin Laden, lequel est actionnaire de
SAUDI TRAFFIC SAFETY LTD[1] (PO Box 4445, Djeddah
21491) et de ARABIAN AEROSURVEY COMPANY LTD[2] (PO
Box 6079, Riyad 11442).

En Europe, la filiale CASAREEN RETAIL INTERNATIO-
NAL LTD[3] (20 Upper Ground, Londres, Grande-Bretagne)
intervient dans le secteur de la distribution. Elle est dirigée
par Mark Adams, né le 15 novembre 1966, de nationalité
britannique ; Thomas Payne, né le 1er mai 1957, de nationalité britannique ; et Nabella Khan, née le 3 février 1970,
de nationalité britannique. Cette dernière assure également des fonctions exécutives au sein de CAPEX LTD[4]. Elle
est également présente dans le conseil d'administration de
HAZAR LICENSING & MARKETING LTD[5] et dans celui de
CASAREEN LTD[6] (12 York Gate, Londres, Grande-Bretagne), dirigée par Sadek Sawwaf.

Un établissement CASAREEN FRANCE[7] a été créé le
6 octobre 1992. Installé à Courbevoie, il a été dirigé par
Charles Nakhl, né le 10 mars 1959 au Liban, puis par Mohamad Kammourieh.

Le groupe SBG est également représenté en Europe par
la société d'édition HAZAR PUBLISHING LTD[8] (12 York
Gate, Londres, Grande-Bretagne). La société est dirigée
par Basim Nicolas Ziadeh, né le 8 novembre 1950, de nationalité libanaise. En France, les ÉDITIONS HAZAR[9] à Cour-

1. Source : IAC Company Intelligence, 1997.
2. Source : IAC Company Intelligence, 1997.
3. Source : ICC Directory of UK Companies, 1998 ; ICC Directors, 1998.
4. Source : ICC Directors, 1998.
5. Source : ICC Directors, 1998.
6. Source : ICC Financial Analysis Reports, 1996.
7. Source : Greffe du tribunal de commerce de Paris, 1998.
8. Source : ICC Directory of UK Companies, 1998 ; ICC Directors, 1998.
9. Source : Greffe du tribunal de commerce de Paris, 1998.

bevoie assurent la représentation de la société sous la direction de Charles Nakhle.

> Basim Nicolas Ziadeh est membre de la Conférence Nationaliste Arabe, composée notamment d'islamistes égyptiens. Il est proche au sein du mouvement de Mona Al-Solh, apparentée à Hisham Al-Solh, fondateur avec Dalia Salaam Rhishani de la British Lebanese Association de Londres, qui mène des activités en collaboration avec la famille Azzam (Azzam Publications), soutenant ouvertement Ossama Bin Laden (partie 3). Basim Nicolas Ziadeh est également en relation au sein de ce mouvement avec Diaeddin Daoud, secrétaire général du parti nassériste égyptien. Il fréquente la mosquée sunnite Al-Azhar du Caire (à rapprocher du nom de la maison d'édition qu'il dirige), notamment en décembre 1998 lorsque le mouvement a lancé un appel au Djihad contre les États-Unis. Diaeddin Daoud a été arrêté à deux reprises avec des membres des Frères musulmans (1977 et 1981). Ossama Bin Laden est lui-même de culture sunnite[1].

Mu'taz Sawwaf, Libanais né le 12 juin 1950, dirigeant du BGI, assure également des fonctions de direction au sein de DAR AL REISHA FOR PUBLISHING AND DISTRIBUTION LTD, sise à la même adresse que Hazar Publishing à Londres, aux côtés de Mustafa Kamal Kassas, né le 23 octobre 1940.

FORSHIP LTD[2] (12 York Gate, Londres, Grande-Bretagne) assure des services de transport de fret depuis 1989. La société est dirigée par Adnan Kronfol, Américain né le 1er mars 1947, et Omar Youssef Salhab (qui intervient dans

1. Source : «The state of the arab nation», *Mideast Mirror*, 17 mai 1994.
2. Source : ICC Financial Analysis Reports, 1998.

plusieurs filiales françaises). En France, FORSHIP [1] (31, rue Chaptal, 75009 Paris) est représenté par Nouhad Gholam.

Le SBG dispose également en Europe d'une filiale spécialisée dans les relations publiques, MIDDLE EAST INTERNATIONAL GROUP — MEIG AG [2], sise Bahnofstrasse 52 à Zurich (Suisse). La société, créée en 1998, est représentée par Hasan Bin Laden, Élisabeth Guggenheim et Pierre Guggenheim.

L'activité textile est également présente au travers de la filiale MIMAR TRADING IM — UND EXPORT GMBH [3] (Steinschœnauer Str. 4, Gross-Umstadt en Allemagne). La société, créée en 1994, est dirigée par Mohammed Ghazi Ragheb. Sa filiale néerlandaise est MIMAR TRADING [4] (W Prinzenstraat 134, BL Helmond), dirigée par U. Ozdemir, né le 1er septembre 1970.

Enfin, l'activité de traitement du cristal est assurée par la filiale directe PALWA BELEUCHTUNGSGESELLSCHAFT MIT BESCHRAENKTER HAFTUNG [5] (Steinschœnauer Str. 2, Gross-Umstadt, Allemagne). La société, créée le 30 mars 1987, est dirigée par Mohammed Ghazi Ragheb (dirigeant de Mimar Gmbh) et Ahmed Farid Al Azem, dont l'actionnaire est Basim Nicolas Ziadeh (directeur de Hazar Publishing à Londres et de MULTIMEDIA VENTURES LTD [6] à Londres avec Namir Michel Cortas — également présent dans Hazar Publishing).

1. Source : Greffe du tribunal de commerce de Paris, 1998.
2. Source : Creditreform Swiss Companies, 1999.
3. Source : Creditreform German Companies, 1999.
4. Source : MASAI, 1998.
5. Source : Creditreform German Companies, 1999.
6. Source : ICC Directors, 1998.

Farid Al Azem, dirigeant de Palwa, est également dirigeant de la société EGYPTIAN FINANCE CO[1] (4, Hassan Sabri Street, PO Box 1824, Zamalek, Le Caire, Égypte). Cette entreprise d'investissements et de financement créée en 1974 a pour principaux actionnaires AMERICAN EXPRESS et le groupe saoudien OLAYAN. Son conseil d'administration est composé de Farid W. Saad, Mounir F. Abdelnour, Jamil W. Saad, Gilbert N. Gargour, Akram Abdul Hijazi et Élie Baroudi.

Le groupe Olayan est dirigé par Suliman Saleh Olayan, né le 5 novembre 1918 à Onaira (Arabie Saoudite), lié à Akram Ojjeh, Kamal Adham et Ghaith Pharaon.

Akram Abdul Hijazi, né le 14 septembre 1939, de nationalité grecque, dirige la société britannique WORLDMASS LTD[2].

Élie Baroudi est membre du conseil d'administration de INTERNATIONAL CORPORATE BANK INC[3] (111 Paseo de Roxas, Manille, Philippines), dont l'actionnaire est AMERICAN EXPRESS.

Mounir Abdelnour et son frère Fakhry Abdelnour dirigeaient les sociétés MIDDLE EAST PETROLEUM et INTERSTATE, enregistrées au Panama, assurant au début des années 80 la fourniture de pétrole égyptien à l'Afrique du Sud en violation de l'embargo imposé par l'ONU[1]. Les opérations de contournement de l'embargo étaient coordonnées par le Strategic Fuel Fund sud-africain. Au cours de cette période, Fakhry Abdelnour était

1. Source : IAC Company Intelligence, 1997.
2. Source : ICC Directors, 1998.
3. Source : IAC Company Intelligence, 1997.
4. Source : « South Africa's pariah cost to get oil likely higher due to gulf crisis », *Platt's Oilgram News*, 12 septembre 1990.

alors en relation avec l'intermédiaire Emmanuel Shaw, ministre de l'Économie du Liberia, qui participa également à ces opérations par le biais de la société TIGER OIL (avec pour partenaire Marc Rich, trafiquant d'armes impliqué dans l'affaire de l'Irangate, recherché par le FBI)[1]. Emmanuel Shaw dirige une société off-shore, FIRST LIBERIAN HOLDINGS, dont l'un des partenaires est Mazen Rashad Pharaon, frère de Ghaith Pharaon, né le 7 septembre 1940 en Arabie Saoudite, personnage central dans l'affaire de la BCCI (voir parties 1c et 2d). Mazen Rashad Pharaon est proche du président libyen Muammar Kadhafi, pour le compte duquel il réaliserait des opérations de fourniture d'armes[2]. La fortune des frères Pharaon est essentiellement familiale, et provient de leur père Rashid, qui a été conseiller du fondateur de l'Arabie Saoudite, le roi Abdul Aziz. Rashid Pharaon a occupé plusieurs postes diplomatiques en Europe entre 1948 et 1954. Ghaith Pharaon a été éduqué à Paris, au Liban, en Syrie, en Suisse ainsi qu'aux États-Unis où il obtient une spécialisation en ingénierie pétrolière. Au milieu des années 60, ce dernier est introduit auprès du responsable des services de renseignement saoudiens de l'époque, Kamal Adham, lequel le présente au fondateur de la BCCI, Agha Hasan Abedi, avec qui il réalise plusieurs investissements et pour lequel il sert de paravent dans les opérations frauduleuses de la banque, notamment le rachat de la National Bank of Georgia (NBG) et celui de la Financial General Bankshares (FGB) avant la faillite de la BCCI en 1991. Kamal Adham est le dirigeant de l'une des sociétés de Ghaith Pharaon, ATTOCK OIL (voir partie 2d). En 1996, Ghaith Pharaon a cédé une partie de sa participation dans la BCCI à Khalid Salim Bin Mahfouz et à son frère,

---

1. Source : « Inquiry hears fund MD horrified by bribe he did not report », *Africa News*, 23 juin 1998 ; « South Africa : New order follows the bad old ways », *Africa News*, 12 décembre 1997.
2. Source : « Sheik Down », *Time*, 21 mars 1983.

devenus actionnaires à hauteur de 20 % du capital (voir partie 1b). Ghaith Pharaon est recherché par le FBI pour fraude dans le cadre de l'affaire de la BCCI ainsi que pour racket aux États-Unis. Il fait l'objet de mandats délivrés par plusieurs tribunaux de New York, de Washington, de Géorgie et de Floride[1].

La BANK OF NEW YORK — INTER MARITIME BANK[2] (5, quai du Mont-Blanc, Genève, Suisse), dirigée par Bruce Rappaport, a été notamment impliquée dans les affaires de la BCCI et des ventes d'armes américaines à l'Iran (Irangate) au cours de laquelle il était le partenaire d'Oliver North. Elle comptait notamment comme vice-président Alfred Hartmann, né le 21 février 1923 de nationalité suisse, ancien directeur de la BANQUE DE COMMERCE ET DE PLACEMENTS SA — BCP —, filiale de la BCCI, et membre du conseil d'administration de cette dernière. La BCP a notamment participé à plusieurs opérations frauduleuses de la BCCI.

Inter Maritime Bank dispose de plusieurs filiales spécialisées, en particulier la société britannique INTER MARITIME SECURITIES UNDERWRITERS LTD[3], devenue INTER MARITIME MANAGEMENT SA, sise à la même adresse que la banque.

Or cette dernière est affiliée à la branche libanaise de la NATIONAL COMMERCIAL BANK[4] saoudienne, sise Corniche Mazraa, Verdun Plaza à Beyrouth. La banque saoudienne est dirigée par Khalid Salim Bin Mahfouz, ancien directeur et actionnaire de la BCCI, soupçonné d'avoir financé les opérations d'Ossama Bin Laden (voir plus loin).

---

1. Source : « The BCCI Affair », Report to the Committee on Foreign Relations, United States Senate, Senator John Kerry and Senator Hank Brown, décembre 1992 — 102nd Congress 2nd Session Senate Print 102-140.
2. Source : Creditreform Swiss Companies, 1999 ; *The Bankers Almanach*, 1999.
3. Source : ICC Directory of UK Companies, 1999.
4. Source : Association of Banks in Lebanon, database, 1999.

B/ SICO (SUISSE)

Le 19 mai 1980, SBG a formé en Suisse une filiale d'investissement dénommée CYGNET SA, devenue SAUDI INVESTMENT COMPANY (SICO) [1], sise 2, rue François-Le-Fort à Genève, au capital de 1 M FS. SICO est dirigé par Yeslam Bin Laden, frère d'Ossama Bin Laden. Ses administrateurs sont Baudoin Dunand, né le 5 décembre 1954 à Saint-Germain-en-Laye (France), Kjell Carlsson, né le 7 mars 1951 à Ludvikh (Suède), Franck Warren, Bruno Wyss, Charles Rochat, El Hanafi Tiliouine et Béatrice Dufour. Bruno Wyss dirige la société d'import-export automobile SPORT-GARAGE BRUNO WYSS (Untere Bruehlstrasse 31, 4800 Zofingen, Suisse).

La société SICO a été enregistrée par MAGNIN, DUNAND & ASSOCIÉS [2], étude d'avocats créée en 1972, sise 2, rue Charles-Bonnet à Genève, comprenant, outre Baudoin Dunand, Jean-Jacques Magnin, né le 5 décembre 1940 à Genève (Suisse), Otto-Robert Guth, né le 22 novembre 1950 à Budapest (Hongrie) et Mohamed Mardam Bey, né le 19 octobre 1962 à Damas (Syrie).

***

Saudi Investment Company (SICO) est actionnaire des sociétés suivantes :

- CI GROUP PLC (construction métallique) [3]
- JOHNSONS FRY HOLDINGS ; PLC (services financiers) [4]

1. Source : Creditreform Swiss Companies, 1999.
2. Source : International Professional Biographies, Martindale-Hubbell Law Directory, 1999.
3. Source : Rapport annuel 1993 ; IAC Company Intelligence, 1997.
4. Source : IAC Company Intelligence, 1997.

- STARMIN PLC (construction) — avec TALAL Y ZAHID & BROS et Ahmed Abdullah [1]
- WATER HALL GROUP PLC (construction) — avec El-KHEREILI TRADING & ELECTRON et GOLDENASH LTD [2]

Outre ces opérations, SICO a réalisé d'autres investissements par le biais de la société NICRIS LTD, domiciliée à Genève, 2, rue Charles-Bonnet, siège de l'étude Magnin, Dunand & Associés. La société est dirigée par Yahia Bin Laden, vice-président du Saudi Binladin Group basé à Djeddah. La société Nicris est en effet un actionnaire de référence (18 %) du groupe pharmaceutique américain HYBRIDON INC [3], sis 155 Fortune Blvd à Milford dans le Massachusetts et dirigé par Eugene Andrews Grinstead, Sudhir Agrawal et Robert Andersen. Au mois de mars 1998, Yahia Bin Laden contrôlait au surplus 7,5 % du capital du groupe américain.

Outre Nicris Ltd, sont également entrés dans le capital :

- INTERCITY HOLDINGS LTD, Cuson Milner House, 18 Parliament Street, Hamilton, Bermudes (14 %)
- SEDCO, PO Box 4384 — 21491 Djeddah (AS) (14 %)
- PILLAR SA, 28, avenue de Messine, Paris (26 %) [1]
- FAISAL FINANCE SWITZERLAND SA, 84, av. Louis-Casai, Genève (7 %)

1. Source : Rapport annuel 1992 et 1993 ; IAC Company Intelligence, 1997 ; Investment Dealers Digest, 1998.
2. Source : Worldscope, 1999 ; Extel Cards Database, 1996 ; ICC Financial Analysis Reports, 1998 ; ICC Directors, 1998.
3. Source : US Securities and Exchange Commission, form S1, 23 décembre 1998 ; form SC13E4, 6 février 1998.
4. Source : Greffe du tribunal de commerce de Paris, 1999 ; ICC Directors, 1998.

En 1997, Hybridon Inc a procédé au versement d'une somme de 1,034 M$ sur un compte de la BANK FUR VERMOGENSANLAGEN UND HANDEL (BVH BANK) sise Berliner Allee 43 à Düsseldorf en Allemagne, quelques mois avant la faillite de la banque en novembre 1997 et l'ouverture par le Parquet de Düsseldorf d'une information judiciaire pour banqueroute, blanchiment et escroquerie à l'encontre de son président, Dominique Santini (et autres), ayant donné lieu à une commission rogatoire internationale. Dominique Santini est également administrateur de BAII GESTION (12, place Vendôme à Paris) créé en 1984, organisme de placement en valeurs mobilières filiale de la BANQUE ARABE ET INTERNATIONALE D'INVESTISSEMENT — BAII —, sise à la même adresse. La BAII était étroitement liée à la BCCI, puisque l'un de ses actionnaires a été la FIRST ARABIAN CORP (voir plus loin) et que les autorités fédérales américaines ont mis en lumière en 1991 le rôle joué par l'institution en tant que paravent de la BCCI dans la tentative de rachat frauduleux de la banque américaine FINANCIAL GENERAL BANKSHARE par un groupe d'investisseurs composé de Kamal Adham, Faisal Al-Fulaij et Abdullah Darwaish. De même, les autorités américaines établiront qu'en 1985 Ghaith Pharaon a pu procéder au rachat de l'institution INDEPENDENCE BANK grâce à un prêt accordé sur la foi d'une lettre de crédit de la BAII. En outre, le président de la BAII, Christian Lamarche, était l'un des directeurs et membre du conseil d'administration de la BCCI [1].

FAISAL FINANCE SWITZERLAND SA (84, avenue Louis-Casai, 1216 Cointrin) est dirigé par Iqbal El Fallouji. Il s'agit d'une branche de la holding de financement isla-

1. « The BCCI Affair », Report to the Committee on Foreign Relations, United States Senate, Senator John Kerry and Senator Hank Brown, décembre 1992 — 102d Congress 2d Session Senate Print 102-140.

mique DAR AL MAAL AL ISLAMI (DMI) SA, sise à la même adresse en Suisse. DMI est dirigé par le prince Mohammad Al Faisal Al Saud (voir partie 2b).

SAUDI ECONOMIC AND DEVELOPMENT COMPANY LTD (SEDCO) [1], PO Box 4384, 21491 Djeddah, Arabie Saoudite, créé en 1976, est un groupe de distribution de matériel électrique et électronique dont le président est Mohammed Salim Bin Mahfouz, né le 24 juin 1944 en Arabie Saoudite. Son conseil d'administration est familial et comprend Khalid Salim Bin Mahfouz, Saleh Salim Bin Mahfouz, Abdullah Salim Bin Mahfouz et Ahmed Salim Bin Mahfouz.

Sa principale filiale, AL KHALEEJIA FOR EXPORT PROMOTION AND MARKETING CO ou AL MADDAH CORP [2] (PO Box 1892, Djeddah, Arabie Saoudite), est dirigée par Waleed Bin Mahfouz. Cette société de publicité créée en 1977 est soupçonnée par les États-Unis d'avoir effectué des donations au profit d'Ossama Bin Laden. En outre, la holding SEDCO est l'un des principaux actionnaires de BINLADIN TELECOMMUNICATIONS COMPANY LTD [3] (PO Box 6045, Djeddah, Arabie Saoudite) dirigée par Saleh Bin Mahfouz.

Mohammed Salim Bin Mahfouz est le fondateur, avec Mohammed Saleh Affara, né le 21 juillet 1934, de nationalité britannique, de INTERNATIONAL DEVELOPMENT FOUNDATION (IDF) [1], sise 3 Worcester Street à Oxford en Grande-Bretagne. Mohammad Saleh Affara, yéménite d'origine et intermédiaire pour les ventes

1. Source : IAC Company Intelligence, 1997.
2. Source : IAC Company Intelligence, 1997.
3. Source : IAC Company Intelligence, 1997.
4. Source : ICC Directors, 1998 ; ICC Directory of UK Companies, 1998.

d'armes, est impliqué dans l'affaire du contrat d'armement Sawari-2 avec l'Arabie Saoudite. Il s'agit d'un proche de Ali Bin Mussalam [1]. Mohammed Saleh Affara a notamment créé le 14 octobre 1982 la société ARAB INVESTMENT LTD [2], Gloucester Road à Londres, ainsi que MOCO INVESTMENTS POND BRIDGE LTD [3] (Londres), et TEKEM INTERNATIONAL LTD [4] (Hong-Kong). Enfin, Mohammed Salim Bin Mahfouz est le fondateur de SAUDI SUDANESE BANK [5], PO Box 1773, Kh. Baladia Street à Khartoum au Soudan (voir partie 2d). IDF est située à la même adresse que l'International Islamic Relief Organisation, l'une des structures de recrutement d'Ossama Bin Laden (voir partie 3).

* *
*

Khalid Bin Mahfouz a été un personnage central de l'affaire de la BCCI. Cheikh Khalid Salim Bin Mahfouz est né le 9/12/1928 d'une famille originaire d'Hadramaut au Yémen, à l'instar de la famille Bin Laden [6]. Son père, Salim Bin Mahfouz, né en 1909, est décédé en 1994. Khalid Salim Bin Mahfouz est marié à Naila Abdulaziz Kaaki. Il a trois enfants, Sultan Bin Khalid Bin Mahfouz, né le 2/03/1973, Abdulrahman Bin Khalid Bin Mahfouz et Iman Bin Mahfouz. Son frère est Mohammed Bin Salim Bin Mahfouz, né le 24 juin 1944 [7]. Sa belle fille est Umayya Yassen Kaaki.

1. Source : « On trail of Ali Bin Mussalam », *Intelligence Newsletter*, 15 octobre 1998 ; « Complaint details secret swiss bank accounts », Associated Press, 1ᵉʳ mars 1985.
2. Source : ICC Directors, 1998 ; ICC Financial Analysis Reports, 1997.
3. Source ICC Directors, 1998.
4. Source : ICC Financial Analysis Reports, 1997.
5. Source : *The Bankers Almanach*, 1999.
6. Source : Bank of Credit and Commerce International SA, ICC Directors, 1998.
7. Source : *Who's who in international banking*, 1997.

La famille Bin Mahfouz est l'une des premières fortunes du monde, avec des actifs estimés à 2,4 Mds$ en 1999[1]. Entre 1986 et 1990, Khalid Salim Bin Mahfouz a été l'un des principaux dirigeants de la BCCI, dont il fut le directeur opérationnel[2]. Sa famille détenait environ 20 % du capital de la banque[3]. Khalid Bin Mahfouz a été inculpé aux États-Unis en 1992 pour fraude fiscale dans le cadre de l'affaire de la BCCI, conjointement avec son adjoint, Haroon Kahlon[4]. En 1995, tenu solidairement responsable dans le cadre de la faillite de la BCCI, Khalid Salim Bin Mahfouz a accepté une formule transactionnelle consistant dans le versement d'une amende de 245 M$ aux créanciers de la banque.

Son père Salim a été autorisé en 1950 à ouvrir le premier établissement bancaire du pays, la National Commercial Bank, dont la famille Bin Mahfouz contrôlait 52 % du capital, jusqu'à cette année[5]. Le royaume saoudien a en effet décidé au mois de juin de racheter 50 % du capital de la banque. La famille contrôle cependant toujours les principaux postes de direction de la NCB[6]. Son père, Salim Ahmed Bin Mahfouz, a été récompensé en 1997 au titre de sa carrière bancaire par l'association des banquiers arabes

1. Source : « Billionaires », *Forbes*, 5 juillet 1999 et 28 juillet 1997.
2. Source : ICC Directors, 1998 ; « The BCCI Affair », Report to the Committee on Foreign Relations, United States Senate, Senator John Kerry and Senator Hank Brown, décembre 1992 — 102nd Congress 2nd Session Senate Print 102-140.
3. Source : « A rich man whose reputation was on the rocks », *The Irish Times*, 4 octobre 1997.
4. Source : Manhattan District Attorney, 2 juillet 1992.
5. Source : « NCB net profit edges up in 1998 », *Middle East Economic Digest*, 9 juillet 1999 ; « NCB names twenty owners under new arrangement », *Moneyclips*, 18 juin 1997 ; « NCB moves towards public ownership », *Financial Times*, 5 mai 1997.
6. Source : « State outs Bin Mahfouz from NCB », *Middle East Economic Digest*, 11 juin 1999 ; « Africa, Middle East », *Forbes*, 5 juillet 1999.

d'Amérique du Nord (ABANA). Parmi les anciens présidents de l'association basée à New York figurent notamment Talat M. Othman (de 1985 à 1986), Camille A. Chebeir (en 1992) et Ziad K. Abdelnour (en 1995) [1].

L'empire Bin Mahfouz couvre les principaux secteurs
d'activité en Arabie Saoudite ainsi qu'à l'étranger, notamment dans le domaine bancaire, agricole, pharmaceutique,
téléphonique...

La présence économique des Bin Mahfouz s'est établie
à partir de trois principales holdings : NATIONAL COM-
MERCIAL BANK [2] (PO Box 3555, King Abdul Aziz Street,
Djeddah, Arabie Saoudite), NIMIR PETROLEUM LIMITED [3]
(Almahmal Centre, 18th Floor, Djeddah, Arabie Saoudite)
et SAUDI ECONOMIC AND DEVELOPMENT COMPANY LTD
(SEDCO), PO Box 4384 - 21491 Djeddah, Arabie Saoudite.
Sur cette base, Khalid Salim Bin Mahfouz et sa famille
disposent d'actifs majoritaires dans près de 70 structures
dans le monde.

Elles comprennent notamment :

- NATIONAL COMMERCIAL BANK (Arabie Saoudite) [4]
- SNCB CORPORATE FINANCE LIMITED (Grande-Bre-
tagne) [5]
- SNCB SECURITIES LIMITED (Grande-Bretagne et
USA) [6]
- LANGDON P. COOK (USA) [7]

1. Source : Arab Bankers Association of North America, 2000.
2. Source : *The Bankers Almanach*, 1999.
3. Source : ICC Directors, 1999 ; «Saudi Aramco-Nimir Petroleum Company Limited», *APS Review Downstream Trends*,
24 novembre 1997.
4. Source : *The Bankers Almanach*, 1999.
5. Source : *ICC Directors*, 1998.
6. Source : *ICC Directors*, 1998.
7. Source : «Bin Mahfouz family», *Forbes*, 25 juillet 1988.

- EASTBROOK (USA) [1]
- ARAB ASIAN BANK EC (Bahreïn) [2]
- ARAB FINANCIAL SERVICES COMPANY EC (Bahreïn) [3]
- TRANS ARABIAN INVESTMENT BANK EC (Bahreïn) [4]
- TAIB BANK EC, TAIB INVESTMENT MANAGEMENT CO et TAIB SECURITIES WLL (Bahreïn)
- YATIRIM BANK AS (Turquie)
- MIDDLE EAST CAPITAL GROUP SAL (Liban) [5]
- CRÉDIT LIBANAIS SAL (Liban) [6]
- UNITED BANK OF SAUDIA AND LEBANON SAL (Liban) [7]
- FIRST PHOENICIAN BANK SAL (Liban)
- PRIME COMMERCIAL BANK LTD (Pakistan) [8]
- MIDDLE EAST FINANCIAL GROUP (Luxembourg)
- INTERNATIONAL TRADE AND INVESTMENT BANK (Luxembourg)
- HOUSING BANK et HOUSING BANK JORDAN FUND (Jordanie) [9]
- INDUSTRIAL DEVELOPMENT BANK (Jordanie)
- CAPITAL INVESTMENT HOLDING CO EC (Bahreïn)
- JORDAN INTERNATIONAL BANK PLC (Grande-Bretagne)
- INTERNATIONAL DEVELOPMENT FOUNDATION (Grande-Bretagne)

1. Source : « Bin Mahfouz family », *Forbes*, 25 juillet 1988.
2. Source : *The Bankers Almanach*, 1999.
3. Source : IAC Company Intelligence, 1997.
4. Source : IAC Company Intelligence, 1997.
5. Source : MECG, 1999.
6. Source : « Dubai group invests in lebanese bank », *Middle East Economic Digest*, 13 février 1998.
7. Source : IAC Company Intelligence, 1997.
8. Source : Prime Commercial Bank, 1999 ; *The Bankers Almanach*, 1999.
9. Source : *The Bankers Almanach*, 1999.

- INTERNATIONAL BANK OF YEMEN (Yémen) [1]
- YEMEN HOLDINGS (Yémen) [2]
- AL MURJAN COMPANY, AL MURJAN MINERALS CO, AL MURJAN TRADING & INDUSTRIAL CO, AL MURJAN ENVIRONMENTAL MANAGEMENT & TECHNOLOGIES (Arabie Saoudite)
- AL ZAMIL COMPANY (Arabie Saoudite) [3]
- RED SEA INSURANCE EC, RED SEA PAINT FACTORY (Arabie Saoudite) [4]
- SAUDI DAVY COMPANY LIMITED (Arabie Saoudite) [5]
- SAUDI INTERNATIONAL GROUP LIMITED (Arabie Saoudite) [6]
- SAUDI TARMAC COMPANY LIMITED (Arabie Saoudite) [7]
- SAUDI ECONOMIC AND DEVELOPMENT COMPANY LIMITED, SEDCO SERVICES LIMITED (Arabie Saoudite)
- SAUDI INDUSTRY & DEVELOPMENT CO LIMITED (Arabie Saoudite)
- HEALTH CARE TECHNOLOGIES INTERNATIONAL LIMITED (Arabie Saoudite)
- AL HIKMA MEDICAL SUPPLIES & SERVICES CO LIMITED (Arabie Saoudite)
- BINLADIN TELECOMMUNICATIONS COMPANY LIMITED (Arabie Saoudite)
- SAIF NOMAN SAID AND PARTNERS CO (Arabie Saoudite)

1. Source : IAC Company Intelligence, 1997.
2. Source : « PSA takes equity stake in Aden terminal project », *Business Times Singapore*, 22 octobre 1997.
3. Source : « Family firms start to share their riches », *Middle East Economic Digest*, 31 juillet 1998.
4. Source : IAC Company Intelligence, 1997.
5. Source : IAC Company Intelligence, 1997.
6. Source : IAC Company Intelligence, 1997.
7. Source : IAC Company Intelligence, 1997.

- MAREI BIN MAHFOUZ AND AHMAD AL AMOUDI CO (Arabie Saoudite) [1]
- AL KHALEEJIA FOR EXPORT PROMOTION AND MARKETING CO ou AL MADDAH CORP (Arabie Saoudite) [2]
- SAUDI SUDANESE BANK (Soudan) [3]
- SAUDI SUDANESE COMMERCIAL CO LIMITED (Soudan)
- SAUDI SUDANESE SOLIDARITY INVESTMENT CO LIMITED (Soudan)
- NIMIR PETROLEUM CORP, NIMIR PETROLEUM OPERATING LIMITED, NIMIR PETROLEUM OVERSEAS LIMITED (Arabie Saoudite, Grande-Bretagne) [4]
- ARABIAN SHIELD DEVELOPMENT CO (USA) [5]
- INTERCITY HOLDINGS LIMITED (Bermudes)
- HYBRIDON INC (USA)
- METROWEST (USA)
- ISOLYSER CO INC (USA)
- HTI INVESTMENTS LIMITED NV (Antilles néerlandaises)
- AAK PROPERTIES LIMITED (Grande-Bretagne) [6]
- DELTA INTERNATIONAL BANK SAE (Égypte) [7]

* *

1. Source : IAC Company Intelligence, 1997.
2. Source : IAC Company Intelligence, 1997.
3. Source : *The Bankers Almanach*, 1999.
4. Source : ICC Directors, 1999.
5. Source : Standard & Poor, 1999 ; SEC filings.
6. Source : ICC Directors, 1999.
7. Source : *The Bankers Almanach*, 1999 ; IAC Company Intelligence, 1997.

Plusieurs de ces structures disposent de points de contact avec l'environnement d'Ossama Bin Laden. Il s'agit en particulier de l'International Development Foundation (voir plus haut point b), d'Al Khaleejia for Export Promotion and Marketing Co (voir plus haut point b), de la Saudi Sudanese Bank (voir partie 2d) et de SEDCO. En outre, selon l'ancien directeur de la CIA, James Woolsey, la sœur de Khalid Bin Mahfouz serait mariée à Ossama Bin Laden[1].

D'autres sociétés font parallèlement apparaître des liens avec Kamal Adham (voir partie 1a). Il en est ainsi de Delta International Bank SAE et d'Arabian Shield Development Co, dont Kamal Adham est actionnaire.

Prime Commercial Bank, dont le siège social est à Lahore au Pakistan, est dirigée par Sami Mubarak Baarma, né le 23 février 1955, de nationalité saoudienne, Saeed Chaudhry et Abdulrahman Bin Khalid Bin Mahfouz. Sami Mubarak Baarma est un dirigeant de SNCB Securities Limited à Londres. Il est également en charge de la division internationale de la National Commercial Bank saoudienne. En outre, il est membre du comité de conseil du Carlyle Group américain.

Le fonds d'investissement CARLYLE GROUP comprend à sa tête de nombreuses personnalités de l'entourage de l'ancien Président américain George Bush ou de son fils, George W. Bush, actuel gouverneur du Texas et candidat à l'élection présidentielle américaine en l'an 2000. Son conseil d'administration compte notamment James A. Baker III, ancien Secrétaire d'État du président George Bush, Franck C. Carlucci, ancien secrétaire à la Défense du

---

1. Source : James Woolsey hearing, US Counterterrorism strategy, Senate Judiciary Committee, US Senate, 3 septembre 1998.

président Ronald Reagan, Richard G. Darman, ancien directeur de l'Office of Management and Budget du président George Bush (1989-93) et John Sununu, ancien secrétaire général de la Maison Blanche (présidence de George Bush). En outre, le prince saoudien Al-Waleed Bin Talal, neveu du roi Fahd, dispose d'une participation indéterminée dans le fonds et George W. Bush a été de 1990 à 1994 membre du conseil d'administration de CATERAIR, filiale du Carlyle Group. Khalid Bin Mahfouz est indirectement lié à George W. Bush, puisque Adbullah Taha Bakhsh, investisseur saoudien et partenaire de Khalid Bin Mahfouz et Ghaith Pharaon, est devenu actionnaire de HARKEN ENERGY CORP à hauteur de 11,5 % en 1987[1]. Talat Othman, né le 27 avril 1936 à Betunia (Palestine), siégeait en son nom au conseil d'administration de la société pétrolière dont George W. Bush a été directeur de 1986 à 1993[2]. Talat Othman est membre du Middle East Policy Council américain, aux côtés de Franck Carlucci[3]. Enfin, James R. Bath, qui représentait aux États-Unis les intérêts de Salem M. Bin Laden aux termes d'un accord d'administration de 1976, est entré à la fin des années 70 dans le capital de deux sociétés à responsabilité limitée détenues par George W. Bush (ARBUSTO 79 LTD et ARBUSTO 80 LTD) pour un montant de 50 000 $. Les deux entités ont par la suite été fusionnées avec Harken Energy. Au cours d'une déposition devant les autorités du Financial Crimes Enforcement Network (FINCEN), James R. Bath aurait par ailleurs prétendu détenir la société SKYWAY AIRCRAFT LEASING LTD, qui s'avérera appartenir à Khalid Bin Mahfouz. En 1990, ce dernier a procuré à James R. Bath un prêt de 1,4 M$ lui permettant d'acquérir une parcelle de l'aé-

---

1. Source : Mergers & Acquisitions Database, 3 décembre 1987 ; SEC Document 13D - Amendment n° 1, 3 décembre 1987.
2. Source : Directory of Corporate Affiliations, National register, 1999 ; *S&P Daily News*, 2 novembre 1993 ; Reuters, 6 décembre 1991.
3. Source : MEPC, 1999.

roport de Houston au Texas. À la suite du décès de Salem Bin Laden en 1988, Khalid Bin Mahfouz aurait repris cette participation[1].

Saeed Chaudhry est présent dans le conseil d'administration de la National Commercial Bank et de l'International Bank of Yemen.

* *

> La holding SEDCO dispose d'une filiale en Grande-Bretagne dénommée SEDCO SERVICES LIMITED[2], enregistrée le 6 décembre 1994, sise 9 Curzon Street à Londres. L'adresse correspond au nouveau siège de l'association INTERNATIONAL DEVELOPMENT FOUNDATION (IDF)[3] depuis le 6 septembre 1999 (voir plus haut).

La société compte deux directeurs, Adnan Soufi, né le 23 septembre 1953, de nationalité saoudienne, demeurant Po Box 5486, Djeddah 21422; et le Dr Ahmed Nashar, né le 1ᵉʳ février 1957, de nationalité saoudienne, demeurant Po Box 5485, Djeddah 21422. Adnan Soufi est parallèlement directeur de BIDENDEN GOLF CLUB LIMITED[1], sis Weeks Lane à Bidenden en Grande-Bretagne, aux côtés de Camille Abbas Chebeir, né le 19 novembre 1938, de nationalité américaine, demeurant 155 Monterey Avenue, Pelham, New York aux États-Unis. Camille Chebeir a été vice-président et directeur général de la NATIONAL COMMERCIAL BANK saoudienne, dirigée par Khalid Bin Mahfouz. Il a été nommé le 21 décembre 1999 membre du

1. Source : « Feds investigate entrepreneur allegedly tied to Saudis », *The Houston Chronicle*, 4 juin 1992.
2. Source : ICC Directors, 1999.
3. Source : ICC Directory of UK Companies, 1999.
4. Source : ICC Directors, 1999.

conseil d'administration de la société HYBRIDON INC, en qualité de représentant de SEDCO, actionnaire du groupe pharmaceutique [1].

> Ahmed Nashar est l'ancien directeur de la branche pakistanaise de la BCCI.

**

Yeslam Bin Laden a également créé le 7 juillet 1998 à Genève une compagnie aérienne dénommée AVCON BUSINESS JETS GENEVA SA [2] au capital de 100 000 FS, installée à la même adresse que le siège de SICO, 2, rue François-Le-Fort. La société est une filiale de AVCON AG [3], créée en 1994, sise à Kloten en Suisse et dirigée par l'horloger Sandro Arabian, né le 3 mars 1941 à Genève (Suisse), résidant à Monaco. Les administrateurs d'Avcon Business Jets sont Juerg Edgar Brand-Jud, de nationalité suisse ; Alfred Muggli, de nationalité suisse ; et la société UNITREVA AG [4], sise Waserstrasse 69 à Zurich. Juerg Edgar Brand-Jud est présent dans le conseil d'administration de plusieurs compagnies aériennes aux côtés d'Alfred Muggli. Unitreva AG, également actionnaire d'Avcon AG, est dirigé par Rolf Peter Fuchs.

Juerg Edgar Brand-Jud dirige plusieurs sociétés, notamment EUNET AG [5] (Zweierstrasse 35 à Zurich), EUROFLOATS AG [6] (Schmidgasse 3 à Zug), G5 EXECUTIVE

---

1. Source : Hybridon Inc Press release, 21 décembre 1999.
2. Source : Creditreform Swiss Companies, 1999.
3. Source : Creditreform Swiss Companies, 1999 ; « One stop service center for private planes expand to Gulf », *Moneyclips*, 8 décembre 1994.
4. Source : Creditreform Swiss Companies, 1999.
5. Source : Creditreform Swiss Companies, 1999.
6. Source : Creditreform Swiss Companies, 1999.

HOLDING AG [1] (Vorstadt 4 à Zug), HELIZ AIR SERVICES AG [2] (Aegeristrasse 25 à Zug), POSEIDON DERIVATIVES AG [3] (Aegeristrasse 25 à Zug), PREMIERE BETEILIGUNGEN GMBH [4] (Aegeristrasse 25 à Zug), FACTO TREUHAND AG [5] (Gewerbestrasse 5 à Cham), GROCOR GROUP AG [6] (Aegeristrasse 25 à Zug), SKY UNLIMITED AG [7] (Aegeristrasse 25 à Zug).

Sandro Arabian contrôle plusieurs sociétés d'investissement et de promotion immobilière en Suisse ainsi qu'en France. La plus active est SOGESPA FINANCE SA [8], sise 22, rue du Puits-Godet à Neuchâtel, présidée par Pierre-Alain Blum, né le 31 juillet 1945 à Neuchâtel (Suisse), auquel sont associés Claude-André Weber et les sociétés AGENDA HOLDING et LOOK HOLDING SA. En France, Sandro Arabian dirige la holding PARLOOK [9], sise 27, rue du Docteur-Leveillé à Nevers dont le conseil d'administration comprend Michel Vauclair, né le 29 mai 1947 à Rocourt (Suisse), et Bruno Finaz, né le 7 février 1951 à Lyon (France). La holding contrôle la société LOOK CYCLE SA [10], sise 27, rue du Docteur-Leveillé à Nevers, dont les administrateurs sont Pierre-Alain Blum (président de Sogespa Finance), Bruno Finaz et John Jellinek, né le 30 mai 1945 à Chicago (États-Unis). Les investissements de Sandro Arabian s'étendent également à la production audiovisuelle au travers des sociétés SPAD [11], sise 26, rue de Montevideo à Paris (avec Pierre-Alain Blum), et SIMAR

1. Source : Creditreform Swiss Companies, 1999.
2. Source : Creditreform Swiss Companies, 1999.
3. Source : Creditreform Swiss Companies, 1999.
4. Source : Creditreform Swiss Companies, 1999.
5. Source : Creditreform Swiss Companies, 1999.
6. Source : Creditreform Swiss Companies, 1999.
7. Source : Creditreform Swiss Companies, 1999.
8. Source : Creditreform Swiss Companies, 1999.
9. Source : Greffe du Tribunal de Commerce de Paris, 1999.
10. Source : Greffe du Tribunal de Commerce de Paris, 1999.
11. Source : Greffe du Tribunal de Commerce de Paris, 1999.

FILMS[1], sise 12, rue Kléber à Paris. Plusieurs de ces structures ont aujourd'hui disparu.

Sandro Arabian est également président de LK HOL-DING[2], sise 27, rue du Docteur-Leveillé à Nevers, en liquidation judiciaire depuis 1998. La société a été dirigée par James Hamlin Mac Gee, né le 20 septembre 1940 à Salem, Dakota, États-Unis. Il a été, de 1984 à 1986, le responsable à l'étranger de la FIRST ARABIAN MANAGEMENT CO LTD (FAMCO)[3], sise 11, rue Heinrich à Boulogne-Billancourt, disposant d'une filiale britannique (15 Pembroke Road, Bristol). La société d'investissement était dirigée par Pierre Levine, né le 27 décembre 1951 au Plessis-Robinson (France) de nationalité française. First Arabian Co, dont les actionnaires étaient le prince Abdullah Bin Musaid d'Arabie Saoudite et Salem Bin Laden, dirigée à partir de 1974 par Roger Tamraz, a été au cœur du scandale de la BCCI. Roger Tamraz a notamment réalisé des investissements avec Kamal Adham, l'un des partenaires de Ghaith Pharaon (voir partie 1a) et Khalid Bin Mahfouz[4].

James Hamlin Mac Gee est en outre administrateur de la SOCIÉTÉ OCCIDENTALE POUR LA FINANCE ET L'INVESTISSEMENT (SOFIC), sise 20, rue d'Armenonville à Neuilly-sur-Seine. Il s'agit d'une société de placement en valeurs mobilières dirigée par Jean-Pierre Calzaroni, né le 29 août 1940 au Cambodge, et Peter Bunger, né le 25 octobre 1940 à Magdebourg en Suisse.

---

1. Source : Greffe du tribunal de commerce de Paris, 1999.
2. Source : Greffe du tribunal de commerce de Paris, 1999.
3. Source : Greffe du tribunal de commerce de Paris, 1999.
4. Source : «Arab investor cites Kaiser's expertise», *New York Times*, 26 mars 1981.

C/ SICO (STRUCTURES OFFSHORE ET LONDRES)

Parallèlement à l'établissement de SICO, des structures offshore ont été mises en place aux îles Caïmans, aux Antilles néerlandaises ainsi que dans les îles Britanniques. Ces structures ont été créées par le même cabinet genevois. Il s'agit de SICO CURAÇAO (Antilles néerlandaises), dont la présidence est assurée par Yeslam Bin Laden et dont les administrateurs sont Saleh Bin Laden, Béatrice Dufour et Charles Tickle, FALKEN LTD (îles Caïmans), TROPIVILLE CORP NV (Antilles néerlandaises) et ISLAY HOLDINGS (île d'Islay). Charles Tickle est le PDG de la société immobilière américaine DANIEL CORP (PO Box 385001, Birmingham, Alabama, USA).

Ces structures intermédiaires ont permis la création de filiales installées à Londres au cours des années 80 : SAUDI INVESTMENT CO — SICO — (LONDON) LTD, sise Kennet House, Kennet Wharf Lane, Upper Thames Street à Londres, créée le 15 novembre 1984, dissoute le 15 décembre 1992 ; SAUDI INVESTMENT COMPANY — SICO — (UK) LTD, sise 21 St Thomas Street à Bristol, enregistrée le 2 août 1985, dissoute le 15 mai 1990 ; et SICO SERVICES LTD sise à la même adresse que la première, enregistrée le 27 septembre 1985, dissoute le 19 décembre 1989.

Ces structures ont progressivement été substituées par la société d'investissement RUSSELL WOOD HOLDINGS LTD [1], filiale commune de Tropiville Corp et de Falken Ltd. Sise 30 Great Guilford Street à Londres, la société a été créée le 17 février 1987. Elle comprend Hanafi Tiliouine (présent dans le conseil d'administration de SICO à Genève), et Akberali Mohamed Ali Moawalla, né le 9 avril 1949 en Tanzanie.

1. Source : ICC Financial Analysis Reports, 1998.

Russell Wood Holdings Ltd a créé le 9 juin 1987 une filiale dénommée RUSSELL WOOD LTD[1] dont les dirigeants sont Akberali Mohamed Ali Moawalla (dirigeant de Russell Wood Holdings Ltd), John Cyril Dorland Pilley, né le 25 janvier 1935 en Grande-Bretagne, et Seng Hock Yeoh, né le 2 mai 1951 en Malaisie.

Akberali Mohamed Ali Moawalla avait créé le 8 mai 1984 la société TEQNY LTD[2] avec Sajjad Jiwaji, né le 25 septembre 1956, de nationalité britannique, puis le 30 avril 1985 la société d'investissement LONSHARE NOMINEES LTD[3], sises 30 Great Guilford Street à Londres.

Akberali Mohamed Ali Moawalla est parallèlement l'un des directeurs de Saudi Binladin International Sdn Bhd, filiale malaysienne du Saudi Binladin Group dont le président est Omar Bin Laden[1].

*

Russell Wood Ltd a suscité un réseau enchevêtré de sociétés d'investissement à partir de l'année 1987. Il s'agit des structures suivantes :

● **GLOBE ADMINISTRATION LTD**[5], créée le 29 octobre 1987, sise Devonshire House, 60 Goswell Road à Londres, filiale de Islay Holdings. Son directeur est Akberali Mohamed Ali Moawalla[6].

1. Source : ICC Financial Analysis Reports, 1998 ; ICC Directors, 1998.
2. Source : ICC Financial Analysis Reports, 1997 ; ICC Directors, 1998.
3. Source : ICC Directory of UK Companies, 1998 ; ICC Directors, 1998.
4. Source : « No link between firm and Osama », *New Straits Times Malaysia*, 17 décembre 1998.
5. Source : ICC Financial Analysis Reports, 1998 ; ICC Directors, 1998.
6. Source : ICC Directors, 1998.

• FALCON CAPITAL MANAGEMENT LTD[1], créée le 9 mai 1988, sise 30 Guilford Street à Londres (siège de Russell Wood), et dirigée par Akberali Mohamed Ali Moawalla.

• FALCON CAPITAL NOMINEES LTD[2], créée le 9 mai 1988, sise 30 Guilford Street à Londres, et dirigée par Akberali Mohamed Ali Moawalla.

• FALCON PROPERTIES LTD (Bahamas) (voir partie 2d)

• TURKEY ROCK UK LTD[3] (anciennement Tyrolese 350 Limited), créée le 20 février 1996, sise 66 Lincolns Inn Fields à Londres, dont l'un des administrateurs est Leonard Cowking (représentant du Saudi Binladin Group en Europe).

• SAFRON ADVISORS UK LTD[4] (anciennement Tyrolese 359 Limited), créée le 17 mai 1996, sise 19 Berkeley Street à Londres, dirigée par Akberali Mohamed Ali Moawalla et Basil Mehdi Al Rahim, né le 14 juin 1953, de nationalité américaine.

Les fonds d'investissement Tyrolese ont pour principal actionnaire la société First Arabian Management Holding Ltd, enregistrée aux Antilles néerlandaises. Sa filiale britannique, FIRST ARABIAN MANAGEMENT CO (UK) LTD (2nd Floor, Lynton House, 7-12 Tavistock Square, Londres, Grande-Bretagne), est dirigée par Colin Granville Murray.

1. Source : ICC Directory of UK Companies, 1998 ; ICC Directors, 1998.
2. Source : ICC Directory of UK Companies, 1998 ; ICC Directors, 1998.
3. Source : ICC Directory of UK Companies, 1997 ; ICC Directors, 1998.
4. Source : ICC Directory of UK Companies, 1998 ; ICC Directors, 1998.

L'enregistrement mentionne également comme holdings les sociétés FAMCO SA (Arabie Saoudite) et FAMCO Panama. FAMCO avait comme actionnaire Salem Bin Laden et le prince Abdullah Bin Musaid d'Arabie Saoudite (voir partie 1b).

2/ OSSAMA BIN LADEN ET LES INSTITUTIONS FINANCIÈRES ISLAMIQUES

A/ Les investissements identifiés d'Ossama Bin Laden

Ossama Bin Laden a mis en place au cours des années 90 un réseau financier important lui permettant de financer ses activités terroristes. Outre les financements issus des mouvements politiques, coordonnés par le Front Islamique International pour le Djihad contre les Juifs et les Croisés (FIIJC) basé à Kandahar en Afghanistan, les activités économiques d'Ossama Bin Laden sont relayées par une holding installée à Khartoum au Soudan appelée WADI AL-AQIQ[1].

Elle est administrée par un Soudanais, Abu Al-Hasan. Selon plusieurs sources concordantes, la holding regrouperait sept entreprises soudanaises ainsi qu'un nombre indéterminé d'entreprises au Yémen, dans les secteurs de l'import-export, de l'édition ou de la céramique, ainsi qu'au Kenya dans l'industrie électrique[2].

Officiellement, Ossama Bin Laden aurait gelé ses avoirs au Soudan après son départ du pays en 1996. Toutefois, les informations divergent sur les liens directs ou indirects

1. Source : US Grand Jury Indictment (USA v. Usama Bin Laden), S2 98 Cr.1023, point 10d, 5 novembre 1998 ; « Bin Ladin reportedly severed financial ties with Sudan, Saudi Arabia », BBC Summary of World Broadcast, 25 août 1998.
2. Source : *African Economic Digest*, 29 août 1994.

pouvant subsister entre ces structures et Ossama Bin Laden.

Les principales sociétés concernées et identifiées par le FBI [1] étaient les suivantes :

• AL-HIJRAH FOR CONSTRUCTION AND DEVELOPMENT LTD ou HIJRAH CONTRACTING COMPANY, basée à Khartoum, Soudan. La société de construction a notamment réalisé 1 200 km de l'axe autoroutier reliant Khartoum à Port Soudan, ainsi que le nouvel aéroport de Khartoum.

• TABA INVESTMENT COMPANY LTD, basée au Soudan, société d'investissement dans le secteur agricole détenant la majorité des cultures de maïs, de tournesol et de sésame du pays.

• AL-SHAMAL ISLAMIC BANK, banque soudanaise établie conjointement avec le Front Islamique National soudanais (voir point b).

• GUM ARABIC COMPANY LTD, société soudanaise spécialisée dans le traitement et la commercialisation de la gomme (voir point c).

• LADIN INTERNATIONAL, société d'investissement installée à Khartoum, Soudan.

• AL-THEMAR AL-MUBARAKA, société de production agricole basée au Soudan.

• AL-QUDARAT, société de transport au Soudan.

D'autres informations font état d'intérêts dans le secteur chimique (voir point d).

1. Source : US Grand Jury Indictment (USA v. Usama Bin Laden), S2 98 Cr.1023, point 10d, 5 novembre 1998 ; «A global, pan-islamic network», *The Washington Post*, 23 août 1998.

B/ Al-Shamal Islamic Bank

Peu après son installation à Khartoum au Soudan en 1991, Ossama Bin Laden a participé à la mise en place de plusieurs structures financières et commerciales. L'un de ses principaux investissements a porté sur une institution bancaire, AL-SHAMAL ISLAMIC BANK[1] (PO Box 10036, Khartoum, Soudan), au capital de laquelle il participe à hauteur de 50 M$ à cette époque[2].

L'un des actionnaires de référence de la banque est la deuxième institution bancaire du pays, TADAMON ISLAMIC BANK[3] (PO Box 3154, Baladia Avenue, Khartoum, Soudan), établie le 28 novembre 1981, et dont l'activité a commencé le 24 mars 1983. La banque est présente sur l'ensemble du territoire soudanais à travers 21 établissements. Elle est dirigée par Sayed Altigani Hassan Hilal et Sayed Salah Ali Abu Alnaja.

Ses principaux actionnaires en 1998 sont les sociétés NATIONAL CO FOR DEVELOPMENT AND TRADE (15 %) de Khartoum, KUWAIT FINANCE HOUSE KSC, la DUBAI ISLAMIC BANK PLC (voir point e), YASIEN LEATHER CO, BAHRAIN ISLAMIC BANK BSC[1] ainsi que plusieurs actionnaires individuels parmi lesquels Aadel Raheem Mukawi, Salih Abdalla Alkamil, Abdalbasit Ali, Mohammed Ibrahim Mohammed Alsubaie, Abdalla Ibrahim Mohammed Alsubaie et Saeed Mohammed Aldaregie Alamoodie (Al Amoudi). Le ministère des Affaires sociales des Émirats

1. Source : *The Bankers Almanach*, 1998.
2. Bin Laden trial transcript, US District Court, Southern District of New York (05/01).
3. Source : IAC Company Intelligence, 1997 ; *The Bankers Almanach*, 1998.
4. Source : *The Bankers Almanach*, 1999.

arabes unis est également présent dans le capital de la banque.

Tadamon dispose de plusieurs filiales au Soudan, notamment dans les secteurs agricole, industriel et immobilier. Les investissements de la banque au Soudan comprennent le contrôle des sociétés ISLAMIC INSURANCE CO, ISLAMIC TRADING AND SERVICES CO et REAL ESTATE DEVELOPMENT CO.

> L'actionnariat de Tadamon Islamic Bank n'a pas sensiblement évolué depuis 1991. Le seul changement intervenu a été le remplacement dans le conseil d'administration de la représentation de la FAISAL ISLAMIC BANK[1] (PO Box 10143, Khartoum, Soudan) par sa filiale, National Co for Development and Trade, en 1995. La Faisal Islamic Bank, créée en 1977, est dirigée par le prince Mohammad Al Faisal Al Saud d'Arabie Saoudite.

> La Faisal Islamic Bank est une filiale de la société ISLAMIC INVESTMENT COMPANY OF THE GULF (Bahreïn), dont la holding est DAR AL MAAL AL ISLAMI (DMI) SA[2], sise 84, avenue Louis-Casai à Cointrin en Suisse. DMI a été créée le 29 juillet 1981. Jusqu'en octobre 1983, son président est Ibrahim Kamel. Il est remplacé le 17 octobre 1983 par le prince Mohammad Al Faisal Al Saud, fils du roi Al Saud et cousin germain du roi Fahd. DMI est considérée comme la structure centrale du financement saoudien de l'islamisme international.

---

1. Source : IAC Company Intelligence, 1997.
2 Source : Creditreform Swiss Companies, 1999.

C/ Gum Arabic Company Ltd

Peu après son installation au Soudan, Ossama Bin Laden a pris une participation jugée majoritaire par la CIA dans la société soudanaise GUM ARABIC COMPANY LTD[1] (PO Box 857, Khartoum, Soudan). La société fondée en 1969 est réputée contrôler la quasi-intégralité du marché de la production, de la commercialisation et de l'exportation de la gomme du Soudan. Gum Arabic Company est installée à Khartoum et dispose d'une filiale à Port Soudan pour un effectif de 120 salariés.

À la suite du départ d'Ossama Bin Laden en 1996, le management de l'entreprise a été restructuré, et son nouveau dirigeant est Omer El Mubarak.

En 1995, l'entreprise était contrôlée à 30 % par le gouvernement, tandis que 70 % du capital était réparti entre les mains d'investisseurs privés. À cette époque, elle était dirigée par Fouad Mustafa Abu El Elia, et ses principaux collaborateurs étaient Mubarak Mirghami, M. Hag-Ali, Makawi S. Akrat, Mubarak M. Logman, Mahmoud A. Hafiz, Mustafa Daoud, Salih M. Salih, Abdallah Mohamed El Hassan et Osman Mohamed El Hassan.

Le management de l'époque a développé des activités familiales en Europe à partir de 1995.

Une partie de la famille de M. Hag-Ali s'est installée en Grande-Bretagne pour y fonder en 1995 la société KHTM COMPANY LIMITED, 73 First Avenue, Acton, Londres, spécialisée dans la distribution de produits pharmaceutiques. La société est dirigée par Khalid Ibrahim Hag-Ali, né le 22 septembre 1963 au Soudan, et Hala Mohamed Hamad.

1. Source : IAC Company Intelligence, 1997.

J. H. Akrat dirige la société SEMPERIT BENELUX[1] (Ambachtstraat 13d, 3861 RH Nijkerk aux Pays-Bas), société d'importation de caoutchouc, filiale de SEMPERIT TECHNISCHE PRODUKTE GMBH[2] (PO Box 201, 1031 Vienne en Autriche), société de production de produits pharmaceutiques et cosmétiques dirigée par Rainer Zellner et Helmut Rauch. Les deux sociétés appartiennent au groupe SEMPERIT AKTIENGESELLSCHAFT HOLDING[3] (Modecenterstrasse 22, 1031 Vienne en Autriche), contrôlé par les mêmes personnes.

D/ Le site de production chimique d'Al Shifa

L'homme d'affaires saoudien Saleh Idris, soudanais d'origine, était le propriétaire du site pharmaceutique d'Al Shifa depuis le mois d'avril 1998, avant qu'il ne fasse l'objet de frappes militaires américaines le 20 août 1998, les États-Unis estimant que l'usine pouvait produire des composants d'armes chimiques. Avant cette date, la CIA estime qu'Ossama Bin Laden était l'un des principaux actionnaires du site, intervenant par le biais de sociétés écrans.

Une étude du cabinet d'investigation américain Kroll a récemment mis en doute le développement d'armes chimiques sur le site. L'étude a été commandée par un cabinet d'avocats américain, Akin, Gump, Strauss, Hauer & Feld, assurant la défense de Saleh Idris, et ayant dans le passé défendu les intérêts de Khalid Bin Mahfouz et de Mohammed Al Amoudi.

1. Source : ABC for Commerce and Industry, 1997.
2. Source : Wer Liefert Was, 1998.
3. Source : *Hoppenstedt Companies and Executives in Austria*, 1998.

En réalité, Saleh Idris est lié par plusieurs investissements à Khalid Bin Mahfouz et Mohammed Al Amoudi.

Saleh Idris intervient dans la société AL-MAJD GENERAL SERVICES LTD [1], domiciliée au siège d'ABU FATH AL-TIGANI INVESTMENT INTENA, 15 Al-emarat, Khartoum, Soudan, qui est une filiale de Tadamon Islamic Bank (actionnaire d'Al-Shamal Islamic Bank (voir point b).

Saleh Idris est également directeur de l'institution financière SAUDI SUDANESE BANK [2] (PO Box 1773, Kh Baladia Street, Khartoum, Soudan), dont le président est Khalid Bin Mahfouz, principal dirigeant de la NATIONAL COMMERCIAL BANK [3] d'Arabie Saoudite (PO Box 3555, King Abdul Aziz Street, Djeddah 21481). Au cours des années 80, Saleh Idris a même été membre du conseil d'administration de la banque saoudienne. Saleh Idris est également partenaire de Mohammed Al Amoudi au sein de la société britannique M.S. MANAGEMENT LTD, avec Nasrullah Khan (apparenté à Nabella Khan, dirigeant de la société Casareen Retail International Ltd, filiale du SBG).

Khalid Bin Mahfouz est en outre l'un des principaux actionnaires (25 %) de l'INTERNATIONAL BANK OF YEMEN (PO Box 2847, 106 Zubeiry Street, Sanaa) aux côtés de BANK OF AMERICA (20 %). La banque yéménite est présidée par Ahmed Kaid Barakat et Ali Lutf Al Thor. La famille Bin Mahfouz possède également une société d'aménagement en Arabie Saoudite, MAREI BIN

1. Source : ICC Directors, 1998.
2. Source : *The Bankers Almanach*, 1999.
3. Source : *Who's Who in International Banking*, 1997.

MAHFOUZ AND AHMAD AL AMOUDI CO[1] (PO Box 2059, Djeddah), dans laquelle est présent Mohammed Hussein Al Amoudi. Enfin, dans le groupe d'assurances RED SEA INSURANCE EC[2] (PO Box 5627, Djeddah 21432, Arabie Saoudite) sont présents à la fois les membres de la famille Mahfouz ainsi qu'un membre de la famille Barakat (Ahmed Kaid Barakat est président de l'International Bank of Yemen).

Mohammed Hussein Al Amoudi est président du AL AMOUDI GROUP COMPANY LTD d'Arabie Saoudite (PO Box 13271, Djeddah 21493), l'un des principaux conglomérats du royaume, dont le directeur général est Ali Bin Mussalam, impliqué dans l'affaire du contrat d'armement Sawari-2 (voir partie 1b). Mohammed Hussein Al Amoudi et Khalid Bin Mahfouz sont d'ailleurs tous deux actionnaires de WORLD SPACE, consortium d'opérateurs de téléphonie visant à établir des communications par satellite[3].

Mohammed Hussein Al Amoudi a créé en 1998 en Somalie la société de fabrication de produits pharmaceutiques PHARMACURE[4].

Avant d'être repris par Saleh Idris, le site d'Al Shifa était détenu par Bashir Hassan Bashir et Salim Baabood[5]. Bashir Hassan Bashir est depuis 1995 l'un des directeurs de la Faisal Islamic Bank de Khartoum, présidée par le prince

1. Source : IAC Company Intelligence, 1997.
2. Source : IAC Company Intelligence, 1997.
3. Source : « Worldspace reveals identity of investors », *Space Business News*, 3 février 1999.
4. Source : *Africa News*, 5 juin 1998.
5. Source : « Many in Sudan dispute plant's tie with bomber », *Washington Post*, 22 octobre 1998 ; « Sudan invites UN to inspect factory », *The Independent*, 24 août 1998 ; « A case of mistaken identity », *The Economist*, 29 août 1998 ; Interview avec Tom Carnaffin, directeur technique de l'usine d'Al Shifa, World Socialist Web Site, 12 septembre 1998 ; « Embassy bombing suspects charged in US », *World News Digest*, 3 septembre 1998.

Mohammad Al Faisal Al Saud, et actionnaire indirect de la banque Al-Shamal (voir point b).

La Faisal Islamic Bank est également administrée par Dafae Allah Al Haj Yousif, président de RAINBOW FAC-TORIES LTD[1] (PO Box 1768, Khartoum, Soudan), dont les principaux actionnaires sont Aziz Kfouri Sons Ltd et Gabir Abuelizz. La société est spécialisée dans les matériaux de construction. Il dirige également avec Khalil Osman Mahmoud la société de produits textiles, chimiques et agricoles GULF INTERNATIONAL[2] (PO Box 2316 et 1377, Khartoum, Soudan) qui dispose notamment de bureaux de représentation en France ainsi qu'en Grande-Bretagne. Son conseil d'administration comprend Mohmoud Sid Ahmed Swar El Dahab, qui dirige WORLDPRIME TRADING LTD[3] (Woodham Road, Horsell Woking, Surrey, Grande-Bretagne). Gabir Abuelizz, actionnaire de Rainbow Factories Ltd, dirige la société GABIR ABUELIZZ CONTRACTING AND TRADING COMPANY LTD[1] (PO Box 706, Khartoum, Soudan).

Un autre directeur de la Faisal Islamic Bank, Salah Ahmed Omer Kambal, préside la société pharmaceutique et de services financiers à tiers NORSUD SERVICES SA[5], créée le 2 mars 1994, basée à Genève, 8, rue de l'Arquebuse. La société a pour vice-président Jost Vincenz Steinbruchel, ressortissant suisse. Ce dernier anime à la même adresse la société fiduciaire GRANITE TRUST SA[6]. Jost Vincenz Steinbruchel est également vice-président de la société de promotion immobilière britannique ECLODEC

1. Source : IAC Company Intelligence, 1997.
2. Source : IAC Company Intelligence, 1997.
3. Source : ICC Directors, 1998 ; ICC Financial Analysis Reports, 1997.
4. Source : IAC Company Intelligence, 1997.
5. Source : Creditreform Swiss Companies, 1999.
6. Source : Creditreform Swiss Companies, 1999.

LTD[1] (43 London Road, Kingston Upon Thames dans le Surrey).

Salim Baabood, le partenaire de Bashir Hassan Bashir, dispose de nombreux investissements à Oman contrôlés par Said Bin Salem Al Wahaibi. Il est présent dans les sociétés AL HAQ TRADING AND CONTRACTING COMPANY LLC[2] (PO Box 647, Salalah 211, Oman) et ASSARAIN INTERNATIONAL CONSTRUCTION COMPANY LLC[3] (PO Box 5910, Ruwi, Oman).

E/ Dubai Islamic Bank

> Selon plusieurs sources, la CIA aurait établi qu'une partie du financement d'Ossama Bin Laden provient de la DUBAI ISLAMIC BANK[4] (PO Box 1080, Dubai City, UAE).

L'établissement bancaire islamique créé en 1975 est dirigé par Mohamed Khalfan Bin Kharbash, actuel ministre des Finances des Émirats.

> La banque est actionnaire de BAHRAIN ISLAMIC BANK, d'ISLAMI BANK BANGLADESH LTD[5] et de TADA-MON ISLAMIC BANK[6]. Cette dernière est actionnaire d'AL-SHAMAL ISLAMIC BANK (voir partie 2b).

La DUBAI ISLAMIC BANK compte parmi ses actionnaires le gouvernement de Dubaï (10 %) ainsi que celui du Koweït (10 %).

1. Source : ICC Financial Analysis Reports, 1997.
2. Source : IAC Company Intelligence, 1997.
3. Source : IAC Company Intelligence, 1997.
4. Source : *The Bankers Almanach*, 1999 ; IAC Company Intelligence, 1997.
5. Source : *The Bankers Almanach*, 1999.
6. Source : *The Bankers Almanach*, 1999.

La DUBAI ISLAMIC BANK était l'un des principaux actionnaires de la BCCI avec plus de 80 M$ d'actifs dans cette dernière. La banque a été touchée par plusieurs scandales, notamment le blanchiment d'argent pour un montant de 242 M$ au profit de Foutanga, dit Babani, Sissoko, milliardaire malien [1].

3/ OSSAMA BIN LADEN ET LES ORGANISATIONS CARITATIVES ET HUMANITAIRES ISLAMISTES

L'Arabie Saoudite a constitué un vaste réseau d'organisations à vocation caritative ou d'entraide islamique. L'une des structures constituant le support de ces activités, l'Organisation du Secours Islamique International, a été fondée à Djeddah et dispose d'une antenne en Grande-Bretagne.

Créée le 28 novembre 1985, INTERNATIONAL ISLAMIC RELIEF ORGANIZATION (IIRO) [2], sise 3 Worcester Street à Oxford, est dirigée par le Saoudien Abdullah Saleh Al Obeid. Le siège social de l'organisation est installé à la même adresse que celui de l'International Development Foundation (IDF), créée par Mohammed Salem Bin Mahfouz et Mohammed Saleh Affara (voir partie 1b).

1. Source : « Dubai bank withstands BCCI collapse », UPI, 3 juin 1996 ; « Closing in on Baba », *Miami New Times*, 8 avril 1999 ; « Islamic bank rocked by allegations of massive fraud », AFP, 30 mars 1998 ; « BCCI payout, islamic bank dividend tied », UPI, 19 mai 1996 ; « BCCI deal buys UAE stocks », Inter Press Service, 6 février 1995 ; « Arab banks objections may put BCCI deal in jeopardy », *Financial Times*, 6 mai 1992 ; « Baba's big bucks », *Miami New Times*, 30 juillet 1998 ; « Nouvelle affaire de fraude dans une banque des Émirats », Agence France Presse, 30 mars 1998.
2. Source : ICC Financial Analysis Reports, 1998 ; ICC Directors, 1998 ; ICC Directory of UK Companies, 1998.

À la même adresse britannique figure également une association d'entraide dénommée OXFORD TRUST FOR ISLAMIC STUDIES[1], dirigée par Farhan Ahmad Nizami, né le 25 décembre 1956, de nationalité indienne; Khalid Alireza, né le 7 juillet 1948, de nationalité saoudienne; et Pehin Adbul Aziz Umar, né le 20 mars 1936 à Brunei. Khalid Alireza est l'un des dirigeants de ABT GROUP (PO Box 2824, Djeddah, Arabie Saoudite), société de construction et de transport, de XENEL INDUSTRIES LTD (PO Box 2824, Djeddah, Arabie Saoudite) et de SAUDI SERVICES AND OPERATING COMPANY LTD (PO Box 753, Dharan Airport 31932, Arabie Saoudite).

> Islamic Relief dispose de plusieurs branches en Europe, notamment en France, en Suisse, en Allemagne, aux Pays-Bas ainsi qu'en Suède. Selon la CIA, Ossama Bin Laden aurait « exploité » le réseau de l'IIRO dans le cadre de ses opérations.

* *

> Dans la même perspective, Abdul Aziz Al Ibrahim, beau-frère du roi Fahd par sa femme Mounayer, a créé dans les années 90 une fondation ayant officiellement pour objet l'assistance humanitaire. Or, la branche kényane de l'organisation basée à Nairobi, IBRAHIM BIN ABDUL AZIZ AL IBRAHIM FOUNDATION[2] (PO Box 742499, Eldama Ravine Garden, Nairobi, Kenya), a été associée à l'environnement d'Ossama Bin Laden dans le cadre de l'enquête du FBI sur les attentats de Nairobi et de Dar es-Salaam du 7 août 1998. Le bureau

1. Source : ICC Directors, 1998.
2. Source : Africa Online, 1998.

kényan de l'organisation a été fermé au mois de septembre 1998 par les autorités nationales à la suite de la saisie de documents à son siège ayant établi sa collusion avec les opérations d'Ossama Bin Laden. La fondation était notamment financée par la famille Al Ibrahim et plusieurs sociétés saoudiennes.

Les frères Abdul Aziz et Walid Al Ibrahim réalisent d'importants investissements immobiliers au Maghreb, en Afrique ainsi qu'aux États-Unis. Ils ont racheté en 1993 le premier service de télévision arabe par satellite, MIDDLE EAST BROADCASTING CORP (MBC), créé en 1988 par Saleh Abdullah Kamel. Le réseau est propriétaire de l'agence UNITED PRESS INTERNATIONAL (UPS).

Saleh Abdullah Kamel, né en 1941 à Makkah (Arabie Saoudite), fils d'Abdullah Kamel et de Fatma Nagro, marié à Mayda M. Nazer, titulaire d'un diplôme de commerce de l'université King Saud de Riyad et ancien conseiller du ministre des Finances d'Arabie Saoudite, est notamment actionnaire et dirigeant de ALBARAKA ISLAMIC INVESTMENT BANK BSC de Bahreïn (PO Box 1882, Al Hedaya Building 1, Government Rd, Manama), dont l'implantation internationale est limitée au Pakistan où la banque dispose de bureaux à Faisalabad, Islamabad, Karachi et Lahore.

Saleh Kamel était en outre en 1986 président d'ALBARAKA BANK — SUDAN et actionnaire de SUDANESE ISLAMIC BANK[1], filiale de FAISAL ISLAMIC BANK OF EGYPT SAE[2], de TADAMON ISLAMIC BANK (voir partie 2b) et d'ISLAMIC WEST SUDAN BANK. Il était également membre du conseil d'administration de la NATIONAL DEVELOPMENT BANK au Soudan. Il est

1. Source : *The Bankers Almanach*, 1999.
2. Source : *The Bankers Almanach*, 1999.

enfin l'un des fondateurs de FAISAL ISLAMIC BANK —
SUDAN (voir partie 2b) et de la société ARAB INVEST-
MENT CO [1].

Saleh Abdullah Kamel a fondé en 1969 le DALLAH
ALBARAKA GROUP, se faisant rapidement l'un des principaux promoteurs d'un système bancaire et financier
islamique capable de rivaliser avec les grandes institutions
occidentales et de soutenir les ambitions religieuses et
politiques du royaume dans le monde. Il fonde parallèlement plusieurs associations caritatives islamiques à vocation culturelle et sociale. La fortune personnelle de Saleh
Abdullah Kamel était estimée en 1999 à 3,5 milliards de
dollars.

En qualité de principal actionnaire d'ALBARAKA ISLA-
MIC INVESTMENT BANK de Bahreïn, Saleh Abdullah Kamel
dirige plusieurs entités bancaires dont les activités ont été
mises en cause lors d'enquêtes récentes visant des réseaux
de financement frauduleux ou terroristes.

Ainsi, Saleh Kamel est depuis 1986 président
d'AL-BARAKA BANK — SUDAN, et principal actionnaire de SUDANESE ISLAMIC BANK, filiale de FAISAL
ISLAMIC BANK OF EGYPT SAE, de TADAMON ISLAMIC
BANK et d'ISLAMIC WEST SUDAN BANK. Il est également membre du conseil d'administration de la
NATIONAL DEVELOPMENT BANK au Soudan. Il est
enfin l'un des fondateurs de FAISAL ISLAMIC BANK
— SUDAN.

TADAMON ISLAMIC BANK est actionnaire depuis 1991
de AL-SHAMMAH ISLAMIC BANK au Soudan, citée par les
autorités américaines comme l'une des principales structures d'investissement et de financement des réseaux

1. Source : *The Complete marquis Who's Who*, 1986.

islamistes et terroristes d'Ossama Bin Laden à partir de 1991 — date de l'installation de ce dernier au Soudan (voir partie 2b) [1].

Au début de l'année 1999, plusieurs sources ont fait état du soutien financier et logistique apporté par Ossama Bin Laden à l'organisation terroriste Moro Islamic Liberation Front (MILF) aux Philippines. Selon ces sources, le financement de cette organisation passait par une association caritative installée à Djeddah en Arabie Saoudite, IKHWAN AL-ISLIMIN, dirigée par Ustadz Muslimen, lequel aurait facilité en octobre 1998 la venue aux Philippines de l'homme d'affaires Hussein Mustapha, partenaire de Mohammad Jamal Khalifa, beau-frère d'Ossama Bin Laden.

***

Ossama Bin Laden est depuis de nombreuses années un fidèle du cheikh Abdullah Azzam [2], aujourd'hui disparu, qui dirigeait notamment les éditions AZZAM PUBLICATIONS (BCM Uhud, 27, Old Gloucester Street, Londres, Grande-Bretagne). L'éditeur a publié en particulier une biographie d'Ossama Bin Laden ainsi que plusieurs ouvrages faisant ouvertement l'apologie de la violence armée. Les proches du cheikh Abdullah Azzam ont recréé des structures du même type en Grande-Bretagne à partir du milieu des années 80. Azzam Publications dispose également d'un site Internet faisant l'apologie de la violence armée. Le site a été enregistré par Karim D.

1. Source : US State Department Factsheet 08/96 ; Congressional Research Service Issue Brief 27/08/98.
2. Source : Note déclassifiée de la CIA sur Ossama Bin Laden (non datée).

Il s'agit de ISLAMIC WORLD REPORT LTD (Salisbury House, Station Road, Cambridge, Grande-Bretagne), de LONDON INTERNATIONAL ISLAMIC AND MIDDLE EASTERN BOOK (même adresse) et de HOOD HOOD BOOKS LTD (29 Bolingbroke Grove, Londres, Grande-Bretagne). Les structures actives sont dirigées par Abd Al Rahman Azzam, né le 20 avril 1963, de nationalité britannique ; Mona Azzam, née le 13 novembre 1964, de nationalité britannique ; et Dalia Salaam Rishani, né le 14 avril 1967, de nationalité libanaise.

Composition Bussière
et impression Bussière Camedan Imprimeries
à Saint-Amand (Cher),
le 10 mai 2002.
Dépôt légal : mai 2002.
Numéro d'imprimeur : 22036-021723/1.
ISBN 2-07-042377-8./Imprimé en France.